चिंतन मनन

‘भाग 1’

अक्षयचंद्र शर्मा

notionpress.com
INDIA • SINGAPORE • MALAYSIA

आईएसबीएन
हार्डकेस 979-8-89556-392-2
किताबचा 979-8-89277-812-1

अपनी ओर से

ज्ञान के अतल अकूल महा सागर के तट पर, मनु-पुत्र मानव एक बार चाहे शिशु-सा विस्मित स्तब्ध बना खड़ा रहा हो; पर, अन्त में उसने महर्षि अगस्त्य बन सागर को तीन चुल्लुओं में पाने का संकल्प किया। ये तीन चुल्लू हैं - श्रवण, मनन एवं निदिध्यासन! इन तीनों के मध्यवर्ती है मनन, जो एक ओर सम्यक् श्रवण का सुफल है और निदिध्यासन का अजस्त्र प्रेरणा-स्रोत।

'चिन्तन-मनन' का यह द्वन्द्व एक दूसरे का पूरक है। अन्त में चिन्तन अपने को खोकर मनन में समाहित हो जाता है। चिन्तन में किंचित् चिन्ता है, थोड़ी बौद्धिक प्रक्रिया मुखर है और बाह्य मुखता भी-पर इसकी परिणति 'मनन' में है जहां मन्थन से प्राप्त नवनीत है, अन्तर्मुखता है और स्वरूप बोध का दिशा-निर्देश।

तभी 'मनन' हरिवंश पुराण के अनुसार 'मननान्मुनिरेवासि' 'मनन से ही मुनि बनता है' के साक्ष्य में मुनि तक की यात्रा करता है। मंत्र का भी अर्थ है - जो मनन करने से 'त्र' यानी त्राण करे, रक्षा करे।

कलकत्ता से प्रकाशित दैनिक पत्र 'जनसत्ता' के पूर्व सम्पादक श्री श्यामसुन्दर आचार्य की आत्मीयता को ही सारा श्रेय है, जिसके कारण मैं इस पत्र के स्तम्भ (कहना चाहिये आलोकस्तम्भ) चिंतन-मनन में प्रतिदिन लगभग ८ वर्षों से अनेक माध्यमों को - कथा, लोक-कथा, गीत, सूक्ति, इतिहास, साहित्य, दर्शन, प्रभूति को आधार बना कर सरल सुबोध भाषा में जीवनानुभव प्रस्तुत करने का प्रयासी रहा।

मन में रहता है - ऐसा कुछ कहूँ - जो उजला हो, मधुर हो, सहज सरल हो, प्रेरक हो, उद्बोधक और हृदय ग्राह्म हो। मधु मधुर हो और पीयूष सा हितकारी भी।

बातें वे ही पुरानी-इतिहास की, सन्तों की, कवि-कोविन्दों और लोकमानस की - उसे जरा बदल कर, नया बना कर, सुपाच्य बना कर नयी कथन भंगिमा से प्रस्तुत करने का यह एक विनम्र प्रयास है। असल में इस तुमुल कोलाहल कलह में 'चिंतन-मनन' सहृदयों को यों भाता है - जैसे 'कामायनी' कार के शब्दों में 'तपन में शीतल मंद बयार' हो!

आशा है, यह 'चिंतन-मनन' जीवन में आशा की नई किरण लिये प्रोद्भासित होगी।

विक्रम संवत २०८१
वाणी निलयम्
सादुल कॉलोनी
बीकानेर (राजस्थान)

अंतर्वस्तु

मनुष्य जन्म भर विद्यार्थी

मनुष्य जन्म भर विद्यार्थी है। यानी हम सदा अधूरे हैं और सीखने के अनेक अवसर हैं। सीखने के लिये कुल छह गुण चाहिए। इनमें तीन बाहरी और तीन भीतरी हैं।

बाहरी गुण हैं - प्रणिपात, परिप्रश्न और सेवा। किसी से भी यदि हमें ज्ञान प्राप्त करना है तो पहला गुण है - प्रणिपात - यानी एकदम उत्तम कोटि की विनम्रता। अकड़ या घमंड लेकर यदि हम कहीं जाएंगे तो कुछ नहीं मिलेगा। सागर विनम्र है, तभी नदियों से, नालों से जल ग्रहण करता है और जलनिधि बना रहता है। प्रणिपात के साथ परिप्रश्न हो - यानी जिज्ञासा, जानने की लालसा - यहां वाद-विवाद व वितण्डा के लिए स्थान नहीं। शंका करना, उसके समाधान के लिए धैर्यपूर्वक सुनना हमें सुपात्र बनाता है। इसके बाद जहां से हमे ज्ञान मिल रहा है -उनकी सेवा करना। गुरु की सेवा शब्द चाहे हमें अप्रिय लगे - पर, ज्ञान प्राप्ति का यह अमोघ उपाय है।

अब चाहिए तीन भीतरी गुण - श्रद्धा, तत्परता और संयतेन्द्रियता। श्रद्धा का अर्थ है - गुरु के प्रति पूर्ण विश्वास, समर्पण का भाव। उनके प्रति पूज्य बुद्धि। पर, कोरी श्रद्धा से काम नहीं चलता। ज्ञान प्राप्ति के लिए सदा तैयार रहना पड़ता है। मेहनत करनी पड़ती है। यह कोई फोकट का सौदा नहीं। सदा जागते रहना, तैयार रहना - यही तत्परता है। ज्ञान प्राप्ति की अंतिम कड़ी शर्त है। संयतेन्द्रिय होना; यानी अपनी इन्द्रियों को काबू में रखना। खाने पीने, बोलने चालने में अपने पर कंट्रोल। चाहे कितनी ही श्रद्धा हो, कितना ही तत्पर हों यदि हम असंयमी हैं तो समझो हम फूटे हुए सौ छेद वाले कलश हैं। उसमें कुछ भी डालो – टिकने वाला नहीं। सब अकारथ। तो कुल छह गुण हैं।

तीन बाहरी - प्रणिपात, परिप्रश्न एवं सेवा
तीन भीतरी - श्रद्धा, तत्पर होना, संयतेन्द्रिय होना।

(क) तद्विद्धि प्रणिपातेन परिप्रश्नेन सेवया तद्विद्धि श्रद्धावालम्भते

गीता, ४-३४

(ख) श्रद्धावालम्भते ज्ञानं तत्परः संयतेन्द्रियः

गीता, ४-३९

तू विजेता है, यह निर्माता

किसी गांव में एक विद्वान् रहता था। उसके दो बच्चे थे। बड़ा लड़का शांत स्वभाव का, पठनशील और विचार प्रिय था। छोटा बालक विनोदी, चंचल स्वभाव का और खेलकूद से प्रेम करने वाला था।

एक दिन संध्या के समय मां-बाप के पास बैठा बड़ा लड़का कोई इतिहास की किताब पढ़ रहा था। प्रसंग चल रहा था-कोई तो साम्राज्य संस्थापक है। और कोई साम्राज्य विजेता। बड़े लड़के ने पूछा 'पिताजी! साम्राज्य निर्माता और साम्राज्य विजेता में क्या अंतर है?' पिताजी इस प्रश्न को सुनकर विचार कर रहे थे।

छोटा लड़का कार्ड से मकान बनाने में लगा था। तन्मय हो कर बना रहा था, सावधान था कि कोई कार्ड गिर न जाए। इतने में सुंदर महल बन गया। छोटा लड़का आनंद से उछल पड़ा और जोर से कहने लगा - 'लीजिए, हमारा महल तैयार है।'

बड़ा लड़का उत्तेजित होकर कहने लगा - 'चुप रह! मेरी पढ़ाई में बाधा डाल रहा है।' यों कह कर उसने एक इशारे से सारे बने बनाए भवन को गिरा दिया। बनाने में समय लगा, गिराने में एक क्षण।

पिता के हृदय में उत्तर कौंध गया। बड़े बेटे से कहा - तू विजेता है। छोटा भैया निर्माता है।' इतिहास साक्षी है - इन विजेताओं की नाश-लीला का! 'भवन बनावत दिन लगे, ढावत लगै न बार।'

चिंता को दूर करने के ये उपाय

महाकवि 'प्रसाद' ने चिंता को ज्वालामुखी का स्फोट बताया है। चिंता जब लग जाती है तो सब कुछ उथल पुथल। आज तो लगता है यह आधि (मन की बीमारी) सारी व्याधियों (शारीरिक बीमारियों) के मूल में घुस बैठी है। चिंता को दूर करने के ये उपाय जरा अपना कर देखिए -

(१) अपने को अकेला न छोड़ें - कोई दोस्त बनाइए; नहीं तो ईश्वर को सब कुछ अपना मान कर सब कुछ कहते रहिए।

(२) नीचे देख कर हताशा को दूर करें और ऊपर देख कर प्रेरणा बनाए रखिए।

(३) जीवन के प्रति विधायक दृष्टिकोण रखिए - 'नकार' को दूर करते रहिए।

(४) सामाजिक प्राणी बनिए। आसपास के दुःख-सुख में बढ़कर शामिल रहिए।

(५) अपनी शक्ति को पहचानिए। कमजोरी को जरूरत से ज्यादा डरावनी मत बनाइए।

(६) 'हां' के साथ 'ना' कहने की हिम्मत रखिए। जो काम करने योग्य नहीं - उसकी ओर मुँह तक न करें।

(७) बीते कल को याद कर पछताते न रहिए और न भविष्य की आशंका की छायाभूत से डरिए।

(८) आज सुबह हिम्मत से उठिए, खुश रहकर शांति से विचारें - 'आज' ही सत्य है। समस्याओं के भार से दो एक पतली लकड़ियों सी समस्याओं को चुनिए और उन्हें तोड़ कर अपने बल को जगावें।

(९) यथार्थ की जमीन पर एक पैर मजबूती से रखें और भविष्य की ओर दूसरा कदम!

(१०) कल जरूर सूरज उगेगा - नया प्रकाश लिए - इस आशा से निश्चित होने का प्रयत्न करें।

आचरण बनावे - वही आचार्य

आजकल हम महाविद्यालयों के प्रधानों को आचार्य कह देते हैं। पर, हम यदा-कदा ही इस 'आचार्य' शब्द की महिमा को समझ पाते हैं।

'आचार्य' शब्द की व्याख्या निम्न प्रकार है-

आचिनोति हि शास्त्रार्थं, आचारे स्थापयत्युत।
स्वयमेवाचरेत यस्तु, स आचार्यः प्रचक्षते॥

आचार्य के तीन प्रमुख कार्य हैं-

(1) **श़ास्त्रों** के अर्थ को यानी मर्म को बीनना। **शास्त्रों** में हजारों बातें हैं; उनको जान कर, समझ कर - मथ कर - मक्खन की तरह निकाल कर रख देना।

(2) **शास्त्रों** के ये मुख्य उपदेश - केवल लुभावने उपदेश मात्र न रहें। वे उपदेश जीवन में व्यवहार के धरातल पर कैसे उतरें - इसकी प्रक्रिया समझाना।

(3) इन **शास्त्रों** के मर्म के अनुसार अपने चरित को बनाना। यानी अच्छी बातें केवल बताए, वह आचार्य नहीं - बल्कि जो अपने जीवन को, इन आदर्शों के अनुरूप ढाले - वह आचार्य है।

सही बात तो यह है कि जो अपने विचार, उच्चार व आचार के द्वारा छात्र-छात्राओं के चरित को भी बनाए - वह आचार्य कहलाने का अधिकारी है। धर्म तो आचरण है - वाग्विलास नहीं।

'आचारः प्रथमो धर्मः।'

गीता के साथ गाण्डीव भी

'जहाँ चारों ओर समुद्र ही समुद्र है वहां पानी उलीच कर पार करने की बात संभव नहीं है। वहां तो नौका का सहारा लेकर ही समुद्र पार करने का उपाय है।' - रवि बाबू।

समस्याएं हैं, यह हमारे पौरूष के लिए चुनौती है। पर, इसके हल के लिए चाहिए - बल, विवेक। केवल जोश नहीं - होश भी चाहिए। शक्ति चाहिए, पर साथ ही बुद्धि भी। क्योंकि –

जहां बुद्धि - वहीं बल।
कोरा बल नहीं - कोरी बुद्धि नहीं।
दोनों का मेल।

जैसे पक्षी दो पंखों से उड़ता है, उसी प्रकार जीवन भी कदम-कदम पर बल व बुद्धि का मेल है।

गीता चाहिए
पर, गांडीव भी।

क्योंकि

शस्त्रेण रक्षिते राष्ट्रे
शास्त्र चर्चा प्रवर्तते।

शस्त्र से रक्षित राष्ट्र में शास्त्र चर्चा होती है - निर्विघ्न रूप से।

'इसी हेतु है जन्म टंकार का
न टूटे कभी तार झंकार का।'

तूफानों को ललकारो

सूरज की पहली किरण निकली। उसने देखा - आज नए पौधे उदास थे।

किरण - 'प्यारे पौधों? तुम हमेशा मंद हवा में झूमते हुए सदा स्वागत करते थे। आज उदास कैसे?'

पौधे - 'तुम देखती नहीं। रात प्रचंड तूफान आया। झंझा ने बड़े-बड़े पेड़ उखाड़ डाले। ये सभी जमीन पर पड़े हैं। इससे हम बढ़ते हुए डर रहे हैं।'

किरण - 'इन पड़े पेड़ों को मत देखो। खड़े पेड़ों को देखो। जिन पेड़ों की जड़ें कमजोर थीं, जिनमें दीमक लग गई थी या जो जमीन से रस पीने में मंद हो गई थीं - ऐसे आधार-क्षीण पेड़ उखड़ गए।

तुम डरो मत, अपनी जड़ों को मजबूत करो। मूल मजबूत तो ऊपर फूल हँसेंगे और फल मधु रस बांटेंगे।

बचने के तीन उपाय हैं - विनम्र रहो। वेतसी वृत्ति सा झुकना जानो या मूल के बल तने - खड़े रह तूफानों को ललकारो।'

पौधे यह जानकर आश्वस्त हो गए और मंद बयार का झूला झूलने लगे।

सुनने की कला

पंचवटी, गोदावरी के तट पर पर्णकुटी में राम-लक्ष्मण-सीता विराज रहे हैं। एक दिन शांत वातावरण में लक्ष्मण ने जिज्ञासु बन भगवान् राम से प्रश्न किया।

राम - **'थोरेहि महँ सब कहऊँ बुझाई।**
सुनहु तात मति मन चित लाई।'

'हे प्यारे! मैं थोड़े ही में सब समझा कर कहे देता हूं, तुम मन, बुद्धि और चित्त लगाकर सुनो!' भगवान् ने केवल इतना नहीं कहा सुनो; यह कहा कि मन से, बुद्धि से, चित्त से - तीनों से सुनो।

इस अर्द्धाली (आधी चौपाई) में सुनने की कला को समझाया गया है। हम सुनें - मन से, यानी मन को शांत बनाकर - जो बातें कही जा रही हैं - उनको भाव - तरंगों में उठने दें। करुण प्रसंग हों तो करुणा उमड़े - जो आँखों में आंसू बन छा जाए। कहीं पुलक बने, कहीं मंद मुस्कान बने, कहीं भौहें तने - ये है मन से सुनना।

फिर उन भाव तरंगों को विचार बनाकर - बुद्धि के द्वारा ऊहापोह कर सिद्धांत रूप से ग्रहण करें। भावों में व विचारों में एकता - यही है बुद्धि व मन का मिलन - यानी हृदयस्थ होना।

फिर इन्हें चित्त को सौंपना - यानी संस्कार बनाकर स्मृति-मंजूषा में रत्नवत् संग्रह करना।

तब ये भाव ये विचार स्थायी वृत्ति बन प्रवृत्ति में, चरित्र में प्रस्फुटित होंगे। जीवन होगा रूपांतरित! यही है सम्यक् श्रवण।

यानी श्रवण-मनन का निदिध्यासन - बार बार ध्यान बनकर चरित में उतरना। प्रायः हम सुनते हैं - स्थूल कानों से; न वहां मन, न बुद्धि, न चित्त। फिर भाषण व्यर्थ 'थूक-विलोडन' मात्र! दधि-विलोडन कहाँ!

अचूक उपाय - बस, अभ्यास

'जब कोई साधक कहता है - महात्मन्! मन चंचल है, टिकता नहीं।' इसका एक ही सिद्ध उत्तर है - 'अभ्यास कर।' जब छात्र कहता है - पाठ याद नहीं होता। उत्तर है - अभ्यास कर। पुरानी कहानी है -

'करत करत अभ्यास के
जड़ मति होत सुजान
रसरी आवत जात तें
सिल पे परे निसान।'

इसी रसरी के कारण बने हुए गड्ढे ने बोपदेवों को नया बनाया।

पर, अभ्यास का अर्थ क्या है? जिससे निशाने पर बाण चलाने वाला बार-बार एक ही जगह बाण को फेंकता है, चलाता है - इसी 'अस्' फेंकने से अभ्यास शब्द बना है। यही फिर लक्षणा शक्ति से सभी ओर फैल गया है।

अभ्यास की एक अच्छी परिभाषा है - 'चित्तस्य एकस्मिन् आलंबने सर्वतः समाहृत्य पुनः पुनः स्थापनम् अभ्यासः।' चित्त का किसी एक ही लक्ष्य में - उसे चारों ओर से बटोर कर, बार-बार लगाना अभ्यास है।

योग के सूत्रकार महर्षि पतंजलि का कहना है - **'स तु दीर्घकाल नैरन्तर्य सत्कार सेवितो दृढ़भूमिः'** वह अभ्यास निरंतर हो, लंबे समय तक हो,सत्कार से हो और हो मजबूती से।

यानी अभ्यास कोई ढीली उचटी मनोवृत्ति नहीं - वह है महान् लक्ष्य में अपने को पूरा-का-पूरा लगाना। यही ध्यान बनेगा और यही समाधि! जप भी अभ्यास है।

यही तो सती के 'कोटि जनम की रगर है' जो कहती है - 'मैं तो शिव का ही वरण करूंगी - करोड़ जन्मों तक इसके लिए 'तप की रगड़' (अभ्यास) करती रहूंगी।'

बहु मत के जाल में - 'सत्य!'

किसी वृक्ष पर एक उल्लू बैठा था। अचानक एक हंस आया और चिल्ला कर कहने लगा - 'क्या सूरज तप रहा है?' उल्लू ने कहा - 'मूर्ख! कैसा होता है, सूरज! बक मत।' हंस - 'सूरज, देख ऊपर है।' उल्लू - 'मैने कभी सूरज को नहीं देखा। हां, एक चांद तो जरूर होता हैं, जो आसमान पर थोड़ा-थोड़ा चमकता है।'

हंस ने उल्लू को समझाने का बहुत प्रयत्न किया, सब व्यर्थ! उल्लू ने कहा, 'यद्यपि इस समय मैं ठीक तरह से उड़ नहीं सकूंगा, फिर भी जैसे-तैसे पास के बड़ के पेड़ तक चलूंगा और वहां मेरे सैकड़ों बुद्धिमान जाति-भाई हैं। उनसे निर्णय करा लो।'

हंस राजी हुआ। दोनों वहां पहुंचे। उल्लू ने कहा - 'भाइयो! यह हंस कहता है, आकाश में सूरज है, वह चमकता है, प्रकाश फैलाता है और वह प्रकाश उष्ण होता है।'

उल्लुओं ने कहा - 'क्या बकवास कर रहे हो! न सूरज की सत्ता है और न रोशनी की। इस मूर्ख हंस के साथ तू क्यों मूर्ख बनता है?'

हंस किसी तरह बहु मत के सामने प्राण बचा कर भागा। कहता गया - 'मैं कैसे समझाऊं कि सूरज होता है। समझाना टेढ़ी खीर है।' बहु मत वाले उल्लू अपनी विजय पर खुश थे। और हंस - जिसे अपने सत्य की विजय के लिए सदा शताब्दियों तक प्रतीक्षा करनी पड़ती है। क्या ऐसा समय आएगा - जब 'सत्यमेव जयते।' इतिहास में तत्काल उतरेगा।

ताल नहीं काल को कँपा दिया

'कदम रखना ऐसा हो, जिसकी चाप भविष्य में सुनाई दे। हम उठते हैं, दौड़ते हैं, खाते पीते हैं, झगड़ते मिलते हैं-ये न इतिहास हैं, न घटनाएं हैं - सहज जीवन की निर्जीव पुनरावृत्तियां मात्र! जैसे 'घाणी का बैल' सौ पचास कोस घूम कर भी - वहीं-का-वहीं।

ताल को कँपा दिया
कंकड़ से बालक ने
ताल को कँपा दिया
ताल को नहीं
अनंत काल को कँपा दिया।

- केदार नाथ अग्रवाल

शांत तालाब के तट पर एक बालक खड़ा है। उसने एक कंकड़ फेंका है। कंकड़ से तालाब में एक हल्की सी लहर उठी है - एक लहर! पर उसका फल यह है-वह लहर शांत होते होते नई लहर उठा रही है और वे लहरें नई लहरें उठातीं सारे ताल को तरंगित करती हैं-यही है वर्तमान का सुदूरगामी भविष्य पर प्रभाव!

समय के तट पर ये शंकराचार्य, ये रामानुज, ये वल्लभ - ये दयानंद, ये विवेकानंद, ये गांधी - ऐसे ही निर्मल बाल रूप थे - जिन्होंने विचारों को इस तरह प्रकट किया - जिनसे केवल वर्तमान का ताल नहीं आज का यह अनंत काल - यह भविष्य प्रभावित है। सचमुच ताल को नहीं, अनंत काल को कँपा दिया।

कार्य संस्कृति ही गीता

किसी जागीरदार के कुंवर हुआ। उसने अपनी जागीर के खास-खास लोगों को बुलाकर कहा - मेरे कुंवर हुआ है। इसकी खुशी आपको है तो इसके लिए सभी लोग बधाई के रूप में भेंट दो। और इधर कई लोग जागीरी जुल्मों के विरुद्ध प्रचार कर रहे हैं ऐसे लोगों को कुंवर के जन्म से दुःख हुआ तो दंड रूप से रकम जमा कराओ।'

यानी देना है - अवश्य, चाहे बधाई के रूप से या दंड के रूप से। चाहे छुरी पर खरबूजा गिरे या खरबूजे पर छुरी पड़े - कटना तो खरबूजे को ही है।

'चित भी मेरा, पट भी मेरा।' एक बार शकुनि ने ऐसा खेल खेला था - पर, वह खेल नए रूप में आज भी चलता है।

राष्ट्र के लिए खुशी का दिन - छुट्टी। कोई शोक - छुट्टी। किसी धर्म के संस्थापक का दिन - छुट्टी। कोई महा पुरुष किसी राज्य में हुआ हो तो छुट्टी हो, यदि छुट्टी नहीं तो विरोध में हड़ताल - तो छुट्टी। हम चाहे धर्म को माने या न मानें - छुट्टी में सभी एक मत!

राष्ट्र क्या इन छुट्टियों के कारण आगे बढ़ेगा। होना यह चाहिए - किसी महा पुरुष की याद का दिन हो तो घोषणा हो आज रात-दिन राष्ट्र कार्य - व्यस्त रहेगा।

कहाँ है - ऐसी कार्य संस्कृति (वर्क कल्चर) इसके बिना हमारी संस्कृति - कल्चर मोती की तरह दिखाऊ, भटकाऊ क्या नहीं हो रही है?

मन की शान्ति विश्व की शान्ति

दो चेले मैदान में बैठे, दूर पर लहराती पताका के विषय में चर्चा कर रहे थे।

पहला - 'देखो, पताका चंचल है, कांप रही है, हिल रही है।'

दूसरा - "नहीं, पताका स्थिर है, हवा चंचल है, हवा हिल रही है, हवा कांप रही है।'

गुरुदेव ने दोनों चेलों के संलाप-आलाप को, विषम विवाद को सुना। कहने लगे - 'मेरे प्रिय शिष्यो! बाहर मत देखो, बाहर की चर्चा बंद करो। सभी शांत है, स्थिर है; केवल तुम्हारा मन चंचल है, अस्थिर है, व्याकुल है। भीतर झांको, अपने को साधो।

चेलों पर इस प्रशांत वाणी का जादू सा प्रभाव पड़ा। वे मौन हो गए। मन की चंचलता मिटी। भीतर डूबते गए - गहरे और गहरे।

आँखें खोल कर देखा - चारों ओर प्रशांत महासागर। शांताकारं ही शांतकारं चतुर्दिक् दीख पड़ा।

मन की अशांति - विश्व की अशांति है: मन की शांति ब्रह्मांड की शांति है।

संभल कर चलें

भगवान् के वेणुवन में विहरते समय एक दिन छह वर्गीय भिक्षु खड़ाऊ पहने खट-खट' शब्द करते टहल रहे थे। शास्ता ने खट-खट' शब्द सुना, सुनकर आनंद स्थविर से कहा - 'इनको अभी टहलना भी नहीं आया, ये कैसे करेंगे-वाणी का संयम, मन का संयम। अभी तो ये काय (शरीर) को संयत करना भी नहीं सीख पाए। पहला पाठ भी अभी अधूरा है।

आनंद शास्ता की शिक्षा प्रद शैली का मर्म समझ रहे थे और अपने कर्तव्य की दिशा पहचान रहे थे।

भगवान् ने पुनः यह गाथा कही -

कायप्पकोपं रक्खेय्य कायेन संवुतो सिया।

कायदुच्चरितं हित्वा, कायेन सुचरितं चरे।

कायिक दुराचरण से बचे, काय से संयत रहे. कायिक दुराचरण को छोड़, कायिक सदाचार का आचरण करे।

सचमुच हमारा उठना, बैठना, चलना, भीड़ से बचते हुए संभलकर चलना, ऐसा हो, जिससे दूसरों के काम में बाधा न हो,दूसरों की आजादी में खलल न हो। नागरिकता के ये गुण, हमारी साधना में भी सहायक हैं।

प्रश्न है - भावना का

एक गंवार गड़रिया था। वह पर्वत की चोटी पर बैठा प्रार्थना कर रहा था - हे भगवान! यदि तू मेरे पास आ जाए तो मैं तेरे पैर दबाऊं। तुझे मल-मल कर स्नान कराऊं। मैं तेरी दाढ़ी में कंघी करूं। तेरे केशों की जुएं निकालूं। मैं रात-रात भर जाग कर तेरे पैरों में पड़ा रहूं। और ऐसी सेवा करूंगा कि बस कहने को नहीं। तू बीमार पड़ेगा तो मैं रात-दिन खड़ा रहूंगा और तुमको नीरोग कर दूंगा। मेरे पास आ, मेरे अच्छे मालिक! मैं तेरा नौकर हूँ।'

एक संत सुनता रहा। उससे चुप न रहा गया और कहने लगा - 'मूर्ख गंवार! क्या बक रहा है। भगवान् तो निराकार है, सर्व व्यापक है। क्या वे कोई आदमी हैं?' बेचारा गड़रिया चुप। क्या बोले! संत के चरणों पर गिर पड़ा। उसी समय आकाशवाणी हुई - संत महाराज! तुम मेरा जो वर्णन करते हो, क्या वही सही है? मैं सहता हूं न, तुम्हारे वर्णन को! यह गड़रिया सच्चा है, इसकी भावना शुद्ध है, शुद्ध भावना ही सच्ची उपासना है।' संत का गर्व चूर-चूर हो गया और गड़रिए से क्षमा मांग कर वह कहने लगा- ', गड़रिया तू भक्तराज है। तेरी प्रार्थना सही है, प्रभु तक पहुंच रही है। तू पहले वाली ही प्रार्थना करता रह।'

जोखिम में मुस्कराना - यही है जीवन

जाग तुझको दूर जाना।
अमरता सुत चाहता क्यों मृत्यु को उर में बसाना।
है तुझे अंगार शय्या पर मृदुल कलियां बिछाना।

- जाग तुझको दूर जाना।

- महादेवी।

सचमुच हम यात्री हैं, हमें जागना है, दूर दूर तक जाना है। हम अमृत पुत्र हैं, कैसी मृत्यु! किसकी मृत्यु।

रास्ता है, ऊबड़-खाबड़, चारों ओर अंगारे हैं - हमें इस पर कोमल कलियों को बिछाना है। उत्साह इस यात्रा का संबल है। फिर रास्ते की धूल हमारे शरीर से लग चंदन की शोभा प्राप्त करेगी। पथ के उपल (पत्थर) हमारे जोश के सामने उत्पल (कमल) में बदल जाएंगे। हमारा जीवन कोरा मिट्टी का दीपक नहीं है, जो आंधियों से बुझ जाए। वह धधकती हुई ज्वाला है, जो अंधड़ों से और भी प्रज्वलित होकर गगन को भी अपनी शिखाओं से माप सकती है।

जोखिम में मुस्कराना यही जीवन है। जो यह जानकर, मधुमक्खियों के डंक हैं', शहद के छत्ते के पास नहीं जाता, वह शहद से वंचित रह जाता है। सफलता का पहला सूत्र है - संघर्ष। दूसरा सूत्र है - संघर्ष। तीसरा सूत्र है - संघर्ष!

तरुण - कौन?

एक बार 'उत्साही तरुण संघ' ने विनोवा भावे को निमंत्रण दिया। बाबा ने कहा - 'उत्साही तरुण' मुझे यह नाम ठीक नहीं लगता। तरुण तो उत्साही होता ही है, जो उत्साही नहीं, वह तरुण कैसा! तरुण का अर्थ है, जो तैरता है यानी तारक! तारक या तारने वाला तो उत्साह वाला होगा ही। तरुणों को जरूरत है - धीरज की। तो होना चाहिए - 'धीरजवान् तरुण' हाँ, उत्साह की जरुरत है-बूढ़ों को! समाज तभी आगे बढ़ता है- जब धीरजवान् तरुण हों और उत्साही बूढ़े हों।

धीरजवान् का मतलब-काम को छोड़ना नहीं, जब तक काम पूरा पार न पड़े।

तारुण्य की कसौटी? तरुण वह है - जो सत्य योगी है। जिसके मन में समता का भाव हो, जो छोटे-बड़े, ऊंच-नीच, मेरे-पराए के भेद-भाव से ऊपर हो। तरुण वह है - जो क्रांतिकारी हो। सच्ची क्रांति वही कर सकता है - जो क्रांतदर्शी हो - यानी जो आरपार दूर तक देखने वाला हो। युवक वह है - जो मुफ्तखोरा न हो, श्रमनिष्ठ हो। और सबसे बड़ी बात युवक का एक नित्य लक्षण है - जो अन्याय का विरोधी हो।

अन्याय का विरोध हो, शांति से, दृढ़ता से, उत्साह से - उसमें यदि आवेश आ गया, अन्याय के प्रतिकार के लिए स्वयं न्याय की तुला को संभाल न सका तो कोरा जोश ध्वंस का रूप ले सकता है। तरुण में धीरज हो, तरुण में जोश के साथ होश भी हो तभी युग प्रकाश-युग में प्रवेश करता है।

राष्ट्र पक्षी मोर - क्योंकि

घना शमी (खेजड़ा) वृक्ष था, सांझ का समय। पेड़ की डाली पर एक मोर आकर बैठ गया। और केका ध्वनि से गगन गुंजरित करने लगा। दूर से आकर एक हंस बैठ गया। दोनों का परिचय हुआ। मोर ने हंस का नाम सुना था और यह भी सुना था कि हंस नीर-क्षीर-विवेक करता है, दूध का दूध और पानी का पानी। और मोती चुगता है। मोर ने कहा - मेरे महंगे मेहमान! यहां नीर-क्षीर की कमी नहीं-सभी घरों में जो दूध है, उसमें पानी मिला है, कहना यह चाहिए पानी ज्यादा है - दूध कम-यहां तुम्हें क्षीर-नीर को बिलगाना पड़ेगा। पर मोती? न तो मुक्तिवाले मोती और सच्ची सीप वाले! बाजारों में नकली, बनावटी मोतियों की भरमार है। सोचता हूं - मैं राष्ट्र पक्षी- मोर आपका कैसे स्वागत करूं!'

इतने में नीचे से एक सांप चढ़ता दीख पड़ा। हंस डरा, ऊपर उड़ने की तैयारी करने लगा। मोर भाँप गया। उसने अपनी चोंच में सांप को बीच से पकड़ कर झकझोरा और मार कर फेंक दिया।

हंस - 'मैं समझा अब मुझे क्यों नहीं राष्ट्रपक्षी बनाया? मैं दूर-जीवन से पलायन कर-मानस सरोवर वासी परमहंस का प्रतीक। पर, राष्ट्र को चाहिए - मोर, जो जहरीले सर्पों का फन कुचले।'

काश - ऐसे जन भी हों, चाणक्य की तरह, चंद्रगुप्त की तरह, समुद्रगुप्त और विक्रमादित्य की तरह – प्रजा रक्षक। राष्ट्रपक्षी के साथ राष्ट्र-पुरुष भी। कभी मिलते हैं और कभी प्रतीक्षा भी कराते हैं!' **'संभवामि युगे-युगे।'**

मैं पूरा भारत हूँ

हनुमान को लंका दुर्भेद्य दुर्ग की तरह मालूम हुई। वे प्रवेश द्वार पर खड़े प्रवेश-विधि की चिंता कर रहे हैं। लघुरूप बना कर जैसे ही प्रविष्ट होने का उपक्रम कर रहे हैं तो एक राक्षसी खड़ी होकर ललकारने लगी।

हनुमान - 'कौन है तू!'

राक्षसी - मैं केवल एक नारी नहीं, राक्षसी नहीं, प्रधान दुर्ग रक्षिका मात्र नहीं - जिसकी तू उपेक्षा कर घुसना चाहता है।

अरे प्लवंगम - बंदर! मैं हूं लंका - पूरी लंका, संपूर्ण शक्तिशाली लंका - ले, यह स्वयं लंका खड़ी है।

- 'अहं हि नगरी लंका, स्वयमेव प्लवंगम।'

आज न वह लंका है, न वह राक्षस, विजय की कथा 'रामायण' में है। लेकिन, राक्षसी की यह गर्वीली, स्वाभिमान भरी वाणी अभी भी गुंजरित है, प्रेरक है।

प्रत्येक भारतीय जब विदेश में यात्रा करे तो क्या वह यह अनुभव करता है कि वह केवल एक व्यक्ति नहीं, पूरा भारत है, भारत की गरिमा महिमा का प्रहरी है। भारत की अस्मिता का प्रतीक बनकर यह कहे - 'मैं व्यक्ति नहीं, पूरा भारत हूँ - मित्र!'

पढ़ना सदा हितकर

'एक बार चीन राज्य के राजा फिङः ने अपने मंत्री शि ख्वाङ से कहा, 'मैं अब सत्तर वर्ष का हो गया हूं। यद्यपि अध्ययन करने तथा पुस्तक पढ़ने की लालसा मेरे मन में बनी हुई है, फिर भी मुझे लगता है कि अब इसके लिए मेरी उम्र नहीं रही।'

शि ख्वाङ ने सुझाव दिया - 'राजन्, आप दीपक क्यों नहीं बन जाते?

राजा गुस्से में भरकर बोला, 'मैं तो तुम से गंभीरता से बात कर रहा हूं और तुम मुझ से मजाक कर रहे हो।'

'ऐसी बात नहीं है, राजन्! मैं आप से मजाक करने की धृष्टता स्वप्न में भी नहीं कर सकता। मैंने सुना है, यदि कोई आदमी युवावस्था में अध्ययन में रुचि लेता है तो उसका भविष्य सुबह के सूरज की तरह होता है, यदि प्रोढ़ावस्था में अध्ययन करता है तो उसका भविष्य दीपक की लौ के समान होता है। यद्यपि दीपक में अधिक प्रकाश नहीं होता, फिर भी उसका उजाला अंधेरे में भटकने से रोकता है और जिसके हाथ में दीपक है, उसके लिए सारा अंधेरा भी प्रकाश में बदल जाता है।' राजा उसकी बात सुनकर संतुष्ट हो गया।

भारत का इस संदर्भ में कहना है-जब आदमी धन कमावे या विद्याध्ययन करे तो अपने को अजर अमर माने-यह माने कि मैं बूढ़ा न बनूंगा और न मरूंगा, पर यदि धर्म का आचरण करना हो तो तुरंत कर डाले- उस समय यह समझे कि काल ने मेरे बाल पकड़ रखे हैं, वह कहीं भी कभी भी पछाड़ सकता है।

अजरामर वत् प्राज्ञो विद्यामर्थ च चिंतयेत्।
गृहीत इव केशेषु मृत्युना धर्ममाचरेत्।॥।

ये पढ़े हुए मूर्ख

छत्रपति शिवाजी महाराज के गुरु समर्थ स्वामी रामदास जी ने दासबोध' में पठित मूर्खों की लंबी सूची बनाई है। सूची डराने के लिए नहीं, चेताने व सुधारने के लिए है। कई ये हैं - 'पठत' मूर्ख –

(१) पढ़ा लिखा मूर्ख वह है, जो बहुश्रुत व विद्वान् है, पर मन में दुराशा व अभिमान रखता है।

(२) ज्ञान के आवेश में सबको दोषी या खराब समझता है।

(३) शिष्य से अवज्ञा हो जाए तो कठोर शब्दों को काम में लाता है।

(४) रजोगुणी, कपटी अन्तःकरण वाला, धनवानों की स्तुति करने वाला।

(५) बिना किसी ग्रंथ को पूरा पढ़े उसके दोष बताने वाला।

(६) मत्सर (ईर्ष्या) के कारण झगड़ा करना, नीति की जगह उद्धत व्यवहार।

(७) क्रोध को रोक न सकना, कार्यों व बातों में अंतर।

(८) श्रोता होता है तो वाचालता के कारण वक्ता में दोष निकालना।

(९) बहुत पढ़ा लिखा होकर भी अपने ज्ञान से लोगों को संतुष्ट न कर सकना।

(१०) जो सामने आ जाए, उसकी कीर्ति का बखान करने लगना।

(११) बिना क्रिया के ब्रह्म-ज्ञान छांटना।

(१२) ढोंग करना और हठी होना।

(१३) दूसरों के बारे में क्षुद्र बातें करना,

(१४) यदि कथा श्रवण में किसी से दोष हो जाए तो क्रोधपूर्वक चिड़चिड़ाने लगना,

(१५) ज्ञान का उपदेश करके अपना मतलब गांठना,

(१६) उपदेश देना, पर आचरण न करना,

(१७) वैभव के अभिमान में गुरु की उपेक्षा।

सूची लम्बी है - पर, इसे ही बहुत करके जानना साक्षरा: उलट गए तो हो गए राक्षसा:।

शासक - माली सा हो

'नृप में माली में काट-छांट की बातें।

सच है, सच्चे शासक और माली के काम एक से होते हैं। माली जैसे उखड़े हुए पौधों को जमाता है, उसी प्रकार शासक को भी उखड़े हुए लोगों की सुव्यवस्था करनी पड़ती है।

'फूलों हुओं को चुनता हुआ होता है - माली; इसी प्रकार जिनके पास अधिक है उनसे लेकर प्रजा का हित करता है - शासक। छोटों को बढ़ाता हुआ, ऊंचों को झुकाता हुआ, झुके हुओं को ऊपर उठाता हुआ - होता है माली और होता है - शासक!

माली बाग से कांटों को हटाता है, शासक भी कंटकों (दुष्टों, प्रजा-पीड़कों) को हटाता है। माली कुम्हलाए पौधों को सींचकर, उनमें खाद देकर तरोताजा करता है - उसी प्रकार शासक भी पीड़ित व अभावग्रस्त वर्ग को आगे बढ़ने के लिए उचित साधन प्रदान करता है। माली जमाता है और उखाड़ता भी है -शासक का काम है- भले योग्य व्यक्तियों के लिए विकास का क्षेत्र प्रदान करना साथ ही दुष्टों का विनाश भी करना। **'विनाशाय च दुष्कृताम्।'**

माली की तरह का ऐसा शासक ही चिरकाल तक सुखद शासन का भोग करता है

'मालाकार इव प्रपंच चतुरो राजा चिरं नंदति।'

भोज की सही पहचान

राजा भोज एक बार वनभ्रमण में थे। उन्होंने एक लकड़हारे को देखा - जो लकड़ियों का गट्ठर बाँध रहा था। राजा ने घोड़ा रोका और पूछा - 'भाई! कैसे हो, कैसा गुजारा चलता है?' लकड़हारा - 'गुजारा क्या, मैं हूं राजा भोज। खूब मजे में।' भोज को आश्चर्य हुआ - 'यह दूसरा भोज कैसा?'

'यों ही भोज बने हो या है भी कुछ, मंत्री, खजाना आदि।' लकड़हारा - 'मैं छह टके रोज कमाता हूं - इसी से राजा भोज बना हूं।'

भोज ने पूछा - 'हिसाब-किताब रखते हो।'

लकड़हारा - 'मैं एक टका देता हूं - अपने बोहरे को।'

राजा - 'तुम्हारा बोहरा कौन है, जानूं भी।'

'मेरे माता-पिता जिनका मुझ पर कर्ज है, ब्याज समेत चुकाने का मन है। एक टका देता हूं- अपने आसामी को।'

'तेरे आसामी कौन?'

'मेरे बेटे, मेरी बेटियां - इनको देऊंगा, ये पीछे चुकावेंगे।'

'एक टका मंत्री के लिए, एक टका खजाने में, एक टका इस लोक को और एक टका परलोक को।'

राजा ने कहा - 'पूरा समझा नहीं।'

'मंत्री है - मेरी स्त्री, उसी की सलाह से घर-गृहस्थी चलती है। एक टका बचाता हूं, यही खजाना है जो विपदा में काम आवेगा।

यह संसार मेरा शरीर है - 'एक टका इस पर खर्च करता हूं, यह मेरे रात-दिन काम आता है। शेष एक टका - मेहमानी में, यही मेरा परलोक है।'

राजा ने कहा - 'सचमुच, तू राजा भोज है!'

गुरु का काम - ओट और चोट

गुरु कुम्हार सिष कुंभ है, गढ़गढ़ काढ़े खोट।
अंतर हाथ सहार दे, बाहर बाहै चोट॥

गुरु कुम्हार होता है और चेला घड़ा। जिस प्रकार कुम्हार जब चाक पर मिट्टी को चढ़ाकर घड़ा बनाता है, भीतर हाथ की ओट देता है और बाहर चोट देकर उसे मजबूत करता है तभी जीवन की खोट निकलती है।

यानी खोट को दूर करना है तो ओट और चोट दोनों की एक साथ जरूरत है।

पर, कभी-कभी हम इतने कोमल बन जाते हैं कि चोट नहीं देते, कड़ाई नहीं बरतते और कोमलता के, प्यार के चक्कर में रहकर जीवन को बर्बाद कर देते हैं। कभी इतनी चोटें देते हैं कि कोमल मति बच्चे इस कठोरता से बिखर जाते हैं। हजारों कुंठाओं से ग्रस्त होकर अपने को व्यर्थ बना देते हैं।

भीतर प्यार हो, बाहर संयम की कठोरता हो। अनुशासन की दृढ़ता हो, नियम का बंधन हो और मर्यादा की सीमा रेखा हो।

दुष्ट आदमी की कृपा भी खराब, भले आदमी के द्वारा त्रास भी लाभदायक।

दुर्जन की किरपा बुरी, भली सजन की त्रास।
गर्मी कर ऊमस करें, तद बरसण री आस।

- जब गर्मी होती है, ऊमस होती है - तभी वर्षा की संभावना है। सृजन के लिए स्नेह भी चाहिए और तप की आंच भी। पानी की आर्द्रता चाहिए और तप की आंच भी। पानी की आर्द्रता व सूरज की धूप - बीज का प्रस्फुटन है।

इंसान - मूल में सभी नेक

हुसैन धनवान थे। मकान आलीशान था, थैलियां अशर्फियों से भरी थीं। वे एक दिन भोजन कर रहे थे। एक गुलाम खौलते हुए पानी का बर्तन लिये पास से गुजरा। दुर्भाग्य वश थोड़ा सा पानी घबड़ाहट के कारण हाथों के कांपने से हुसैन के ऊपर गिर पड़ा। जानते हो, धनी का और फिर पद के नशे में उन्मत्त का क्रोध कितना भयंकर होता है। गुलाम ने समझा - आज तो मौत है!

गुलाम घुटने टेक कर बैठ गया। उसका मन इतना स्वस्थ और शांत था कि ठीक अवसर के अनुरूप उसे आयतें स्मरण हो आईं।

'स्वर्ग उन लोगों के लिए है जो अपने क्रोध को वश में रखते हैं।' उसने कहा।

'मैं क्रोधित नहीं हूँ।' हुसैन के मुंह से इस शांत वाणी के कारण ये शब्द उमड़े।

गुलाम - 'और उन लोगों के लिए है जो क्षमा करते हैं।'

हुसैन - 'मैं तुम्हें क्षमा करता हूँ।'

गुलाम - 'क्योंकि भगवान् दयालु व्यक्तियों को प्यार करते हैं।'

इस बातचीत के समाप्त होते-होते हुसैन का सारा गुस्सा काफूर हो गया। उनके भीतर का कोई फरिश्ता जाग गया। उनको लगा - आज गुलाम के रूप में कोई रास्ता बता रहा है।

गुलाम को उठाते हुए कहा - 'ले, ये चार सौ दिरहम ले, तू आज से आजाद है।'

सचमुच हरेक इंसान बुनियादी तौर से नेक होता है।

'ऐसा कौन सा कार्य है - जिसे तुम' –'

भगवती सीता के अनुसंधान में वानरवीर समुद्रतट पर निराश बैठे हैं। समुद्र-लंघन की दृष्टि में सभी संशय ग्रस्त हैं। 'पार जाइ कर संसय राखा' - पार जाने में सभी ने संशय प्रकट किया। सौभाग्य से जरठ (वृद्ध) ऋक्षराज जांबवान् वहां थे-वे कहने लगे- हनुमान से - जो अपनी शक्ति को भूले-बिसरे हताश निराश बैठे थे।

- 'हे हनुमान! हे बलवान! सुनो, तुमने यह क्या चुप्पी साध रखी है। तुम पवन के पुत्र हो, बल में पवन के समान हो। तुम बुद्धि, विवेक और विज्ञान की खान हो।

कहइ रीछ पति सुनु हनुमाना।
का चुप साधि रहेउ बलवाना॥
पवन तनय बल पवन समाना।
बुधि बिबेक बिग्यान निधाना॥

ऐसा कौन-सा कार्य है, हे तात! जिसको तुम नहीं कर सकते।

कवन सो काज कठिन जग मांही।
जो नहिं होइ तात तुम्ह पाहीं॥

भारत साक्षी हैं, श्री हनुमान ने अपनी शक्ति को पहचाना और वे दुर्लंघ्य सागर को पार कर, सर्वार्थ सिद्धि की भूमिका के निर्माता हुए।

यह एक कथा है, ना, जीवन का इतिहास है, हम सभी तो अपनी शक्ति को भूले हुए अभिशप्त से, जीवन-सागर के तट पर बैठे-बैठे संशय ग्रस्त खत्म हो जाते हैं। कोई यदि प्रेरक वाणी का उद्घोष करने वाला मिले तो हम सभी विपत्तियों के सागर को लांघ कर सफलता के सौध-शिखर पर चढ़ सकते हैं।

चाहे हमें कुछ भी याद न रहे-पर, इतना याद रखें--

'कवन सो काज कठिन जग मांही।
जो नहिं होइ तात तुम्ह पाहीं॥

यह वाक्य नहीं हैं, जीवन का मंत्र है, सिद्धिदाता मंत्र!

क्षण - क्षण का सदुपयोग

गाँधीजी अफ्रीका में थे। सत्याग्रह का प्रयोग चल रहा था। रात-दिन लगे हुए थे। समय का अभाव, एकदम अभाव। फिर भी उन्हें गीता कंठस्थ करने की तीव्र अभिलाषा थी। गाँधी के जीवन पर, सालों पर, महीनों पर, दिनों पर कहना चाहिए एक-एक क्षण पर कड़ा पहरा था - कर्म का जाग्रत पहरा!

गाँधीजी के पास अब कुल मिलाकर ३५ मिनट का अवकाश था। गाँधीजी को दातुन में पंद्रह और स्नान में बीस मिनट लगते थे। वे सामने की दीवार पर गीता के श्लोक लिख कर चिपका देते थे और आवश्यकतानुसार उन्हें देखते और घोखते थे। साथ ही दातुन करते थे। स्नान के समय उन श्लोकों को दुहराते और पक्का कर लेते थे। इस प्रकार उन्होंने गीता के 13 अध्याय कंठस्थ किए।

इससे लगता है - बापू अपने जीवन में इतने बड़े काम - इतनी तरह के काम - इतने अच्छे ढंग से कैसे कर सके। स्नान और दातून के इन आवश्यक दैनिक कामों में - जीवन के महान् संदेश को कंठाग्र कर जीवन में उतारना - इसी में बापू की विराट्धर्मिता निहित है।

जो क्षण को खोता है, वह जीवन को खोता है।

नाम में क्या - महत्व है, गुण का

'मैं अपने नाम से ऊब गया हूं! नव भिक्षु ने बुद्ध से शिकायत की। बुद्ध बोले - नगर में जा रहे हो तो तुम लोगों से नाम पूछते रहना। जो नाम अच्छा लगे, अपना रख लेना।'

नव भिक्षु ने देखा - रास्ते में लोग एक शव को ले जा रहे हैं। भिक्षु ने पूछा, क्या नाम था, इसका? ' उत्तर मिला - 'जीवक!'

जीवक भी मर जाता है - तुम सब मूर्ख हो। अजीवक होगा - इसका नाम!

भिक्षु आगे बढ़ा। एक आदमी ने रास्ता पूछा। भिक्षु ने रास्ता बता दिया और पूछा, आपका नाम? उसने कहा - 'पंथक।' भिक्षु सोच में पड़ गया। क्या 'पंथक' भी भटक जाता है।

वह भिक्षु आगे बढ़ा। उसने देखा कि कई लोग एक गरीब स्त्री को पीट रहे थे और उसका नाम बताया गया - 'धनपाली।' भिक्षु आश्चर्य में पड़ गया। लोगों ने कहा, 'मूर्ख भिक्षु! नाम तो यों ही रखे जाते हैं, इनमें गुण क्यों ढूंढ़ रहे हो।'

भिक्षु लौट आया। बुद्ध के चरणों में गिर पड़ा कहने लगा - 'मैं नाम की निरर्थकता को समझ गया हूँ। मुझे अगला उपदेश दें।'

हम नामकरण संस्कार करते हैं, कभी-कभी यथा नाम तथा गुण का मेल बैठ जाता है। नहीं तो आँखों के अंधे और नाम नयनसुख चरितार्थ होता है। शेक्सपीयर ने ठीक ही कहा है - 'गुलाब का चाहे कोई भी नाम होता तो भी इसमें सुगंध होती।' महाकवि प्रसाद हैं पर प्रसाद गुण कम; गुप्तजी हैं, पर, गुप्त कम और प्रकट अधिक।

तीर की तरह तन्मय

भगवान् राम और लक्ष्मण महर्षि वसिष्ठ के यहां धनुर्विद्या सीख रहे थे। राम ने अपने छोटे भाई लक्ष्मण से सीख के स्वर में कहा -

राम कवै सुण लिछमणां, ताक लगावो तीर।
उतरया पाछे ना चढ़ै, नरां गिरवरां नीर॥

राम ने लक्ष्मण से कहा - भैया सुनो, तीर को ताक कर खूब सावधानी से प्रकाग्रचित्त से निशाने पर लगाओ। एक बाण भी लक्ष्यवेधन से हटे नहीं। याद रहे, आदमी का पानी यदि एक बार उतर जावे - आबरू चली जावे तो फिर दुबारा नहीं मिलती। पहाड़ से पानी उतरा कि उतरा फिर चढ़ता नहीं।

'ताक के तीर' जब तक देश के इतिहास में लगाने वाले हों, तब तक कोई भी राष्ट्र नए युग में - नई भूमिका में खड़ा है। राम का यह वाक्य जैसे हमको, हमारे नेताओं को, मनीषियों को, प्रबुद्ध वर्ग, को और जनमानस को ललकारकर - सतत सावधान रहने के लिए कह रहा है - 'ताक लगाओ तीर।' उपनिषद् की वाणी है - **अप्रमत्तेन वेद्धव्यं शरवत्तन्मयो भवेत्**।' सतत सावधान रहते हुए अपने लक्ष्य को विद्ध करो। तीर की तरह तन्मय हो जाओ। इतिहास से भी आगे बढ़कर हमारी श्रुति परंपरा कहती है - चूकै मत चौहान।

ठीक क्षण पर सही निर्णय - यही हमारी प्रगति का शिखर है।

आत्मा अमर है

अभी तक यह निर्णय नहीं हो पाया कि इतिहास अपने को दुहराता है, आगे बढ़ता है, नीचे गिरता है या गाड़ी के पहिए की तरह चक्रिल घूमता है। पर, लगता है महाकवि कालिदास के मेघदूत का यक्ष ही ठीक है, जो कहता है, 'प्रिय! समय 'चक्र नेमि क्रम' से ऊपर को नीचे और नीचे को ऊपर करता रहता है। हमारे दिन भी फिरेंगे और फिर चंद्रिका धवल रात्रियां औ हम!'

पांच हजार वर्ष पहले गीता ने घोषणा की, आत्मा मरती नहीं, केवल शरीर मरता है। फिर ऐसा भी समय आता रहा, जब आत्मा भी शरीर के साथ मरने लगी। पर, आज के संदर्भ में ये दोनों नहीं, देखते हैं इन तथाकथित बड़ों की आत्मा पहले मर जाती है और शरीर धीरे-धीरे घिसता हुआ मरता है। प्रतीक्षा है कोई कृष्ण इस सत्य की पुनः घोषणा करे। हे पार्थ! आत्मा अमर है, जो मृत्यु के रूप में पुराने जीर्ण चिथड़े को फैंक कर, नूतन शरीरों के रूप में नए परिधान धारण करती है।' आत्मा के अमरत्व की घोषणा यही तो भारत है। आत्मा का अर्थ है - जीवन के शाश्वत मूल्यों में अधिवास, निवास और विश्वास!

आदत मत बिगाड़ो

एक रईसजादा था। बाप-दादों की कमाई पर मौज करता। खूब भंग घोटता, पीता और घूम फिर कर समय काटता। पास में एक गरीब नौजवान रहता था। वह रईस के चक्कर में आ गया। वह उसके साथ रहने लगा। उसका काम था - भंग घोटना, बादाम पिश्ते मिलाना और 'बम भोले नाथ' की गर्जना करना - रईस को छक कर भंग पिलाना और पीना।

सालों बीतते गए। नौजवान की आदत बिगड़ गई। वह पक्का भंगेड़ी बन गया। इधर रईसजादे की दोस्ती एक नए आदमी से हो गई।

एक दिन जब रईस अपने घर का दरवाजा बंद कर सो रहा था तो इस नौजवान ने दरवाजा खटखटाया, भीतर से आवाज आई - 'कौन है?'

जवाब में कहा, 'मैं हूँ, जीवो।' अब वह रईस खटाक से टका सा जवाब देकर कहने लगा - 'कौन जीवो! अब घर में घोटो और घर में ही पीवो।'

यह एक विनोद को कहानी है; विनोद की नहीं, एक दर्दनाक कहानी। कहानी नहीं, एक सही दास्तान। बड़े कहलाने वालों के चक्कर में कई भोले दुर्व्यसनों में फँसकर बर्बाद हो जाते हैं। अपनी आदत बिगाड़ लेते हैं। नई लत लगा लेते हैं और फिर घर में घोटने लगते हैं तो परिवार को घुट-घुटकर मरना पड़ता है। -

देखा देखी साजै जोग।
छीजै काया बढ़ै रोग॥

तुम खुद ही जानो

एक बार बुद्ध चर्चा करते हुए केशपुत्र ग्राम में पधारे। वहां के निवासी कालामों ने नाना मतवादों के सच-झूठ में संदेह होने पर निर्णय करने की पद्धति को जानने की इच्छा प्रकट की।

'कालामो! तुम्हारा संदेह ठीक है। संदेह के स्थान पर तुमने संदेह पैदा किया है। तुम किसी बात को इसलिए मत मानो कि वह किसी ग्रंथ में लिखी है। ग्रंथ प्रमाण नहीं। किसी बात को केवल तर्क से मत मानो, क्योंकि एक से एक बढ़कर लोग तर्क करते हैं और विद्वता के जोर से झूठ को सत्य बना देते हैं। वक्ता के आकार के कारण, उसके प्रभावशाली व्यक्तित्व के कारण मत मानो। वक्ता के भव्य रूप से आतंकित होकर मत मानो। श्रमण हमारा गुरु है - यह कहकर भी मत मानो।

कालामो! तुम खुद ही जानो कि जो बात तुम्हारी बुद्धि को ठीक लगे, जो बात अच्छी हो, अदोष हो, इसे लेने, ग्रहण करने से, तुम्हें सुख मिले, सबको सुख मिले, तुम्हारा हित हो, सब का हित हो, तभी तुम स्वीकार करो।'

शास्ता का यह कथन मानव की महिमा को उजागर करता है। मानव किसी के विश्वासों को ढोने वाला निरा पशु नहीं है, वह मनन करने वाला एक प्रज्ञा पुरुष है। स्वतंत्र चेता है, **'प्रज्ञानं ब्रह्म'** इस महावाक्य का प्रस्तोता।

अन्न के कण की महिमा

तमिल भाषा के गौरव ग्रंथ तिरुक्कुरल के महाकवि तिरुवल्लुर बैठे थे। कवि की पत्नी वासुकी मृत्यु शय्या पर लेटी थी और वह कुछ कहना चाह रही थी। कवि ने पूछा - क्या अभिलाषा है?

वासुकी ने अस्फुट वाणी से कहा, 'देव! विवाह के बाद पहले भोजन के समय से ही आपने मुझे आज्ञा दी कि भोजन के समय एक सुई और एक कटोरी में साफ पानी रख दिया करो। मैं सदा से यह करती आई। पर मैं रहस्य को समझ नहीं सकी। यदि कोई छिपी हुई बात न हो तो कृपया बताएं।'

वल्लुवर शांत स्वर में बोले - 'यह प्रबंध इसलिए था कि यदि भोजन करते समय चावल का कण धरती पर गिर पड़े तो सुई से उठाकर साफ पानी में शुद्ध कर लिया करें। अन्न ब्रह्म है, उसका एक-एक कण महत्व रखता है।'

स्पष्ट है कि अन्न को प्राण मानने वाले कृषि-प्रधान समाज पालित महाकवि की यह वाणी भारतीय संस्कृति का एक उजला स्वर है। अन्न के इस कृषि कण पर ही-ऋषि राज गगन की ओर उठा है।

संत ही निर्भय

घनघोर मूसलाधार वर्षा हो रही थी। बिजली कड़क-कड़क कर चारों ओर त्रास फैला रही थी। साहसी प्राणी भी भय से थर-थर कांप रहे थे। ऐसे वातावरण में शांत मुद्रा में खड़े तथागत ने निष्कंप वाणी में कहा - 'भिक्षुओं! बिजली की इस कड़क में जो प्राणी कांपते नहीं हैं, जानते हो, वे कौन हैं?

थोड़ी देर मौन का वातावरण रहा। फिर भगवान् ने कहा -

'एक तो हैं वनराज सिंह और दूसरे हैं-निर्मल साधु।' सुचमुच सिंह और संत एक ही पथ के पथिक हैं। सिंह-अकेला है, निर्भय है, शक्ति के बल पर, प्रचंड अहंकार के बल पर निर्भय है, पर, है चारों ओर आतंक का वातावरण।

संत निर्भय है, क्योंकि अहंकारहीन है, क्योंकि चारों ओर प्रेम, करूणा और आत्मीयता का भाव है।

सिंह हुंकार करता है, उसका कोई प्रतिस्पर्धी नहीं।

साधु की कोई आकांक्षा नहीं, उसका कोई प्रतियोगी नहीं। अहंकार का क्षेत्र है - विनाश का। संत का क्षेत्र है - नाहं नाहं का - यही विकास का पथ है।

रख रखाव कहाॅ?

एक गांव में एक मुहल्ला था। वहां पर कुत्ते मौज करते। कभी किसी घर में घुस जाते तो कभी किसी घर में - खूब खाने को मिल जाता। धीरे-धीरे घरों के द्वार बंद रहने लगे तो कुत्तों की छीना झपटी में कमी आने लगी। अब केवल एक घर के द्वार खुले मिलते। घर की मालकिन फूहड़ थी सुस्त थी, प्रमादी थी - इससे कुत्तों का काम बन जाता। मुहल्ले के समझदार लोगों के कहने से उस घर के किवाड़ी लगा दी गई।

अब कुक्कुर समुदाय सांसत में फंस गया। विचार किया - कहीं और चला जावे। पर, एक समझदार बूढ़े कुत्ते ने कहा, 'डरो मत। किवाड़ी तो बन गई, पर इसे बंद करेगा कौन?

फुहड़ के घर हुई किवाड़ी।
कुत्ता मिल चाल्या रेवाड़ी॥
बूढ़ो कुत्तो लीयो सूण,
बणा तो ली पण ढकसी कूण?

आज भी उस बूढ़े कुत्ते का शकुन प्रायः चल रहा है। सड़कें बनती है, फिर रख रखाव कहां? बांध टूट जाते हैं? भवन उखड़ जाते हैं। नहरें सूखी है। बिजली के तार गायब। पाठशालाएं टूटी, बगीचे उजड़े, पेड़ सूखे और शिलान्यास की शिलाएं गायब। बनाना सरल; पर रख रखाव, हिफाजत, सुरक्षा?

ईर्ष्या की आग नरक की आग से भी भयंकर

एक व्यक्ति को यमदूत पकड़ कर ले गए। वे नरक की ओर उसे ले जा रहे थे, पर, वह जीव घबराया नहीं। यमदूतों को आश्चर्य हुआ - 'है तो यह पापी; पर, पता नहीं क्यों नरक के नाम से न डर रहा है और न बचने के लिए तड़प रहा है।

नरक के द्वार पर पहुंचे, यमदूत! वे ले गए चित्रगुप्त के पास! चित्रगुप्त ने उसका बही खाता देखा और दंड स्वरूप नरक के उस कोने में उसे पटकने को कहा - जहां आग की लपटें उठती रहती हैं। वह जीव सुनता रहा - अपना फैसला! न कोई शिकायत न फरियाद।

देवदूतों के आश्चर्य की सीमा नहीं! आखिर, यह जीव यों तमाशबीन बन सब टुकुर-टुकुर देख रहा है और बहरा बन सुन रहा है!

वे दूत उसे बांधकर ले गए और उन्होंने धधकती आग में उसे तिल- तिल जलने को फेंक दिया। पर, वह जीव उस आग में ऐसा अनुभव कर रहा है - जैसे वह आग नहीं, फाग की राग भरी लालिमा हो। वहां वह मजे में है! आखिर देवदूतों ने पूछा - क्या बात है, आप खुश क्यों है?*

जीव - बंधुओं ये! यहां जो आग है - वह तो मुझे चांदनी सी शीतल मालूम हो रही है - क्यों कि मैं इस नारकीय अग्नि से सौ गुनी प्रचंड ईर्ष्या की आग से निकल कर आया हूं।

इन चार शब्दों की महिमा

महर्षि पतंजलि ने चार शब्दों की महिमा से जीवन की सर्वांग सुंदरता दर्शायी है। ये हैं - मुदिता, मैत्री, करूणा और उपेक्षा।

संसार में अनेक साधु-संत हैं, महात्मा फकीर हैं, त्यागी-तपस्वी हैं, हुए 'हैं और होंगे। उनके पावन चरित को सुनकर, जानकर मुदिता (प्रसन्नता) का हम अनुभव करें - यह मुफ्त का सुख है। काम किसी ने अच्छा किया, आनंद हम ले रहे हैं।

मैत्री - बराबर वालों के प्रति मित्रता भाव रखें। उनसे ईर्ष्या नहीं, द्वेष नहीं, वैर-विरोध नहीं - उनके प्रति दोस्ताना। हाँ, व्यवहार में स्वस्थ स्पर्धा का समर्थन किया जा सकता है।.

करुणा - दुनिया में दुख है, बौद्धों की दृष्टि में प्रथम आर्य - सत्य। तो दुनिया के दुखी प्राणियों के प्रति हमारे मन में करुणा का भाव हो। सब सुखी हों, नीरोग हों, कहीं दुख न रहे - यह भाव, इसी का नाम करुणा है। भगवान् भी करुणा-सागर हैं। करूणा की एक बूंद भी यदि हमारे हृदय में है, तो लगेगा - धरती पर इंसान है।

अब कठिन समस्या है - हमसे अकारण दुष्टता का व्यवहार करने वालों के प्रति हम क्या भाव रखें। मात्र उपेक्षा, यही सीधा मार्ग है। प्रार्थना करें - प्रभो! इन्हें सदबुद्धि मिले।

गीता में भी दो शब्द तो आये ही हैं - **'मैत्र: करूण एव चा।'**

तू शुद्ध बुद्ध है

'अरे! पगले! गांव मत जलाना।'

'अच्छा याद दिलाया, मुझे यह पता ही नहीं था कि गांव जलाया भी जा सकता है। अब तो जरूर जलाऊंगा।'

संसार में अनेक काम इसलिए होते हैं कि उन्हें न करने के लिए चारों ओर शोर मचाया जाता है। क्या करना है, क्या करणीय है - इसकी चर्चा कम, क्या नहीं करना है - नहीं करना चाहिए, इसके लिए प्रचार, उपदेश, आदेश, प्रवचन और नरक की यातना के चित्र! नतीजा? टांय-टांय फिस्स!

मत करो, कहने का अर्थ है - सामने खड़े व्यक्ति की महिमा को खंडित करना, उसके अहं को आहत करना, उसके स्वतंत्र चिंतन की शक्ति को छीनना, उसे पंगु बनाना। यह करो - क्या आनंद है करने में - इसका अर्थ है - सामने खड़े व्यक्ति में विश्वास, उसकी ऊर्जा में, उसमें निहित अनंत संभावना के उभरने में आस्था। तू शुद्ध, बुद्ध, चेतन, जाग्रत, ब्रह्म है।' यह वाणी है, जो अमृत-पुत्र बनाती है।

दंड से बढ़कर क्षमा

एक चीनी व्यापारी ने चीन का बना हुआ शीशा औरंगजेब को भेंट किया। बादशाह ने शीशे को हरम में जेबुन्निसा के पास भिजवा दिया।

एक दिन जब जेबुन्निसा धूप में छत पर बैठी थी तो उसे अचानक शीशे की याद आई। दासी से कहा - 'जा! वह शीशा जो चीन देश से आया था, ले आ।'

दासी दौड़ कर गई और शीशा लेकर आने लगी। शीशा भी ऐसी चीज है कि उसके हाथ में आते ही, सभी अपनी शक्ल उसमें देखने लगते हैं। इसमें लगता ही क्या है? दासी ने शीशे में अपने चेहरे को देखा तो वह अपनी खूबसूरती पर पागल हो गई। वह आपे के बाहर हो गई। बेसुधी में शीशा हाथ से छूटा और टूट गया। अब तो दासी के पैर तले की जमीन खिसक गई। चेहरा फक हो गया। दासी को लगा - अब तो मेरी खाल ही खिंचवा ली जाएगी। डरी हुई दासी आई और सहमी हुई बोली -

'अज कजा आईना-ए-चीनी शिकस्त।'

मेरी शामत आ गई है। वह शीशा जो चीन देश से आया था, टूट गया। फिर किसी कठोर दंड की प्रतीक्षा में थर-थर कांपती खड़ी रही।

पर, उस समय जेबुन्निसा को भारत की मिट्टी ने जैसे बदल दिया हो। वह मुस्कराई और उस समय जो उसने कहा, वह प्रशंसनीय ही नहीं, अनुकरणीय भी है।

'अजकजा आईना-ए-चीनी शिकस्त।
खूब शुद सामाने खुदबीनी परस्त।'

अच्छा हुआ, एक गरूर करने का सामान समाप्त हो गया। नहीं तो मैं प्रति दिन अपने को उसमें देखती, अपनी खूबसूरती पर घमंड करती। अब न मैं देखूंगी और न गरूर करूंगी।

संकट से बचने की एक नीति

एक किसान के खेत में मतीरा खाने के लिए चार आदमी घुस गए। एक ठाकुर, एक ब्राह्मण, एक नाई और एक बनिया। किसान आया - बेचारा चारों को देखकर घबड़ा गया। फिर विचार कर, समझदारी से काम लिया। नीति ने साथ दिया। चारों से झगड़ा करना ठीक नहीं।

किसान - 'धन्य भाग्य - आप ऊपर विराजें। ठाकुर साहब! आपको मुजरा। साथ में ब्राह्मण महाराज हैं, अच्छी बात हैं, ये हमारे लिए पूज्य हैं। नाई तो हमारे सदा काम आते हैं। आप तीनों बिराजें। मैं स्वयं मतीरे लाऊंगा और आपको प्रेम से खिलाऊंगा। पर, यह बनिया - क्यों आया? यह हमसे खूब ब्याज लेता है। इसको निकालूंगा - पहले।' यों कह कर किसान ने बनिये को धक्का देकर निकाल दिया। तीनों खुश। -थोड़ी देर में किसान ने कहा - 'ठाकुर साहब! आप तो माँ बाप हैं, नाई तो हमेशा काम का है। पर, यह बामन तो सदा ग्रह-नक्षत्र से डरा कर - हमें लूटता है - इसको मुफ्त में मतीरे कैसे?' यों कह ब्राह्मण को डराकर भगा दिया। अब रह गए - ठाकुर साहब और नाई। किसान ने ठाकुर साहब के पैर पकड़ कर ऊपर पलंग पर बैठाया और नाई से कहा - दूर हट, शर्म नहीं आती, ठाकुर साहब की बराबरी करता है - यों कहकर लकड़ी का डर दिखा कर नाई को निकाल दिया।

तीनों जब हट गए, तो किसान की हिम्मत बढ़ गई। अब कहने लगा - 'ठाकुर साहब! आप लगान लेते हैं, चाहे जब हम किसानों को तंग करते हैं। बिना पूछे खेत में कैसे घुसे? मतीरे क्या फोकट में आते हैं!' ठाकुर अब अकेला क्या करता - वह भी चुपचाप बाहर अपना सा मुंह लेकर चलता बना।

यह कहानी है; ना, यह इतिहास है, इसी प्रकार आपस में फूट डालकर - शत्रुओं से बचा जा सकता है।

संघ बल सही जागरण है

'**जा**गो, जागो यही टेर है।'

संत भक्त कवि शिरोमणि तुलसी ने आवाज दी -

'जागु जागु जीव जड़, जोहै जग-जामिनी
देह-गेह-नेह जानि, जैसे घन दामिनी।'

'ऐ सोते हुए-युगों-युगों से सोते हुए जीव! तू जाग, जाग; देख यह संसार कुछ नहीं, एक रात है जिसमें सोया पड़ा है। इस शरीर के, इस घर के नेह में तू उलझा है-ये ऐसे ही क्षणिक हैं - जैसे बादलों में बिजली की कौंध।'

वैसे हम जगे हैं; पर संतों की दृष्टि में सोए हैं। यदि हम मोह में हैं, लोभ में हैं, पद-लिप्सा में हैं, तो हम नींद में हैं। जब भीतर प्रेम जगे, अहंकार मिटे, दूसरों के बहते आंसुओं को थामने के लिए, सेवा के लिए हाथ उठे तो समझो - हम जाग रहे हैं।

सूफी कवि हफीज अपने गुरु के आश्रम में था। और भी चेले थे। सब से कहा - ध्यान में रहो। गुरु ने आवाज दी - 'कोई जाग रहा है, आओ अल्लाह से मिलो' कोई नहीं आया -आया- 'हफीज।' दूसरे दिन आवाज दी - 'कोई जाग रहा है - आओ, अभी नूर को देखो।' हाजिर हुआ - 'हफीज' ही। बार-बार आवाजें दी जा रही हैं - आता तो वही एक-आध 'हफीज' ही।

तिलक ने आवाज दी। आया गांधी। गांधी ने आवाज दी। हम नींद में हों जैसे - कोई सुने, कोई जागे।

गोवर्धन उठाना है - हम कृष्ण को पुकारते हैं। हिंसा का विरोध करना हैं-तो किसी महावीर को पुकारते हैं।

संत हमें पुकारते हैं - जागो।
हम सोए पुकारते हैं - कोई आए।

हम इंतजार करते हैं - हम सोए रहें, कोई काम कर जाए। पर - अब युग कहता है - 'तुम ग्वाले हो, सभी अपनी लाठी का सहारा दो, गोवर्धन उठेगा - क्योंकि तुम्हारा संघ बल ही नया कृष्ण है, महावीर - बुद्ध गांधी है।' संघ बल सही जागरण है।

झगड़ा नहीं - पर रास्ता अपना

'कठिनाइयां हैं तो क्या सबसे भिड़ना जरूरी है। रास्ते में पहाड़ है तो क्या जरूरी है कि हम कुदाली, फावड़ा लेकर टकराएं और उसे समतल करने में लग जाएं।

पहाड़ रास्ते में है, हमें आगे बढ़ना है। तो उपाय यही है कि उसे चढ़कर पार करें और आगे बढ़ें।

अंग्रेजी में कहावत है-

'पहाड़ को समतल बनाकर पार करने की अपेक्षा उस पर चढ़कर पार करना अधिक सुगम है।' (इट इज इजियर टु क्लाइंब ए माउंटेन देन टु लेवल इट।')

समुद्र रास्ते में पड़ा है, सागर पार जाना है। क्या उलीच कर खाली करना ही पुरुषार्थ है या जहाज पर चढ़कर आगे बढ़ जाना।

कभी-कभी हम जीवन में बेमतलब उलझते हैं। झगड़ते हैं और लक्ष्य से हट जाते हैं।

सलाम सट्टे हम किसी को बेमतलब नाराज क्यों करें।

सबसे कहते हैं - आओ, भिड़ो।'

बचकर निकलना - यह भी एक जीवन शैली है।

व्यर्थ का तर्क नहीं, विवाद का बखेड़ा नहीं।

बात सीधी, सच्ची, मधुर और प्यारी बनाकर कहते चलें।

करें, वही जो करणीय है।

भगवान् राम को वनवास में रहना है। पिता मूर्च्छित हैं, मृत हैं। भाई का आग्रह है - लौटने का। प्रजा रूठी है, अड़ी है। गुरुजी राम को समझा रहे हैं। माताएं व्याकुल हैं। जनक जी कह रहे हैं।

राम कहते हैं - आप सब विचार कर आज्ञा दें। किसी से तर्क नहीं। सबकी सुनते हैं। आदर से सुनते हैं।

सबको राजी किया - वही किया जो राम के लिए करणीय है। शांत, विनम्र, अडिग राम - न विवाद, न कटुता, न तर्क-वितर्क! बाधाओं के पहाड़ को लाँघा इसी में रामत्व है।

न्याय की तलाश

एक सिंह है, पिंजरे में कैद। अभी वह विनम्र है, भला है। उसने आदमी से कहा - 'मुझे निकाल दे, हे दया-सागर!' आदमी - 'तुम्हें निकाल दूँ, पर तेरा क्या भरोसा, तू मुझे खा जाएगा!' सिंह ने सौ शपथें खाईं और अपने को आदमी की सेवा में रहने का विश्वास दिलाया।

जैसे ही आदमी ने सिंह को निकाला तो वह कहने लगा - मैं भूखा हूँ, तुम्हें खाऊंगा।' अंत में न्याय के लिए कहा। दोनों ने पेड़ से पूछा। पेड़ - 'तुम्हें जरूर खाएगा, यह सिंह। हमें देखो, हम छाया देते हैं, हम सब को फल-फूल देते हैं - फिर भी लोग हमें काटते हैं, जलाते हैं। इसलिए यह सिंह तुम्हें जरूर खाएगा।' बेचारा आदमी कहां जाए! वे तालाब के पास गए - उसने भी सिंह का कहना ठीक बताया। धरती ने भी यही कहा कि देखो, मैं सबका भार उठाती हूँ, सबको खिलाती पालती हूँ- पर, लोग मुझे खोदते, गंदा करते हैं। इसलिए यह सिंह तुमको अवश्य खाएगा - यही न्याय है।'

आखिर मिला एक सियार। सियार को अंतिम न्यायाधीश बनाया गया। उसने कहा - 'तुम दोनों दूर से बात करो।' सियार ने सारी बात सुनकर कहा - 'तुम्हारा कहना झूठ - सिंह जंगल का राजा है - यह पिंजरे में हो नहीं सकता। मुझे पहले पूरा दिखाओ।'

सिंह - हाँ, मैं पिंजरे में था।! यों कहकर वह पिंजरे में घुस गया। सियार - 'क्या पिंजरा बंद था?' आदमी - 'हाँ।' 'तो बंद कर दिखाओ।' आदमी ने पिंजरे का दरवाजा बंद किया। उसके पूर्ववत् आगल भी लगा दी।

सियार - न्याय हो गया। बुद्धू! तू अपनी राह ले।'

आज का आदमी भी न्याय के द्वार पर खड़ा है - सभी का फैसला है- पेड़ का, तालाब का, धरती का - 'यह सिंह तुम्हें अवश्य खाएगा! उपकार का यही फल मिलता है।'

पर, अब कहाँ है - सियार! उसी का इंतजार है हमें! कहानी में सियार का न्याय मिला, पर जिंदगी की यथार्थता में?

प्रश्न - शून्य से टकरा कर लौट आता है - प्रश्न बन कर।

जो कहें, करें भी

'एक गरीब आदमी था। उससे देवता तुष्ट हो गए। देवता ने उसे एक शंख दिया और कहा, 'जो मांगेगा, वह यह शंख देगा। वह गरीब मांगता, कभी एक रुपया, कभी दो और कभी बहुत जरुरत हुई - पांच। टन-टन कर आवाजें आतीं। पड़ोसी ने यह तमाशा देखा और एक दिन वह शंख चुरा कर ले गया और दूसरा शंख रख गया। गरीब ने जब शंख से मांगा तो वह टस-से-मस नहीं हुआ। देवता को याद किया। देवता ने शंख को देखकर कहा - 'शंख बदल गया है। अच्छा, यह नया शंख लो। अब तुम्हारा काम बन जाएगा। खूब मांगना।'

गरीब ने दूसरे दिन शंख से कहा - 'ला सौ रुपए।' शंख - 'ले दो सौ।' ला दो सौ।' शंख ने ऊंचे स्वर से कहा, 'क्या दो सौ! ले हजार, ले दस हजार।" पड़ोसी ने इस विचित्र शंख की ध्वनि सुनी और सोचने लगा - 'यह पास वाला शंख कितना फालतू है।" दूसरे दिन वह पहले वाला शंख रख आया और चुरा कर बड़बोला शंख ले आया।

पड़ोसी ने मन लगा कर मांगना शुरू किया - नया शंख कहता ही गया - 'हजार, दस हजार, लाख-करोड़ आदि।' उपासक अंत में तंग आकर कहने लगा - 'तू बोलता ही बोलता है, देता तो एक कौड़ी भी नहीं।'

शंख ने कहा, 'उपासक! ठीक कहता है तू, मैं तो ढपोल शंख हूं, कहता ही कहता हूं- देने का यहां क्या काम।'

'अहं ढपोल शंखोऽस्मि
न ददामि, वदामि एव।'

राजस्थानी में इसी का उल्था है-

बा ही संखी सोहणी, मैं हूं संख ढपोल।
देण लेण नै कुछ नहीं, हामल भरूं-किरोड़॥

वह तो सच्ची शंखी थी, मैं तो ढपोल शंख हूं। देने-लेने को कुछ नहीं। पर 'हाँ' करने को तैयार, करोड़ों की 'हाँ।'

कितनी पुरानी कहानी, पर, जनतंत्र के चुनावी भाषणों की - एकदम अभी की तरोताजा कहानी! कहानी नहीं, सच्चाई।

खजाने पर भार न पड़े

कर के बोझ से प्रजा की कमर टूट रही है; अब कर बढ़ाने की गुंजाइश नहीं। जानते हो, पूरे लदे हुए ऊँट पर एक तिनका भी रख दिया जाए तो उसकी कमर आक की लड़की की तरह 'बट' कर के टूट जाती है। खजाने के रुपए यों खर्च हो रहे हैं, जैसे 'माले-मुफ्त दिले-बेरहम!' मुफ्त का माल हो तो दिल निर्दय होकर बुरी तरह फूंकता है।' राजा की इस बात का कोई उत्तर नहीं था मंत्रिपरिषद के पास। प्रधानमंत्री ने कहा - 'राजन्! जब तक खजांची हमें जोरदार न मिले - तब तक किफायत हमारे बूते की नहीं। पानी में रहने वाली मछली की तरह हमारे अधिकारी हैं, वे कब पानी पी जाते हैं, पकड़ना मुश्किल।' निराशाभरी इन बातों को कहते-कहते मंत्री को एक नामी नगरसेठ की याद हो आई और अंत में इतना ही कहा - एक आशा की किरण है।' राजा ने कहा - 'वह भी कहां है, जांच करो।'

दूसरे दिन दरबार लगा। मंत्री ने नगरसेठ को बुला भेजा। मंत्री ने कहा - 'सेठ साहब! आप के लिए मौत की सजा तय है। वह सजा तो टलेगी नहीं - पर एक ही बात आपसे पूछनी है कि आपको फांसी पर लटकावें या शूली पर चढ़ावें - इन दो में एक का चुनाव आपकी मर्जी पर है।'

सेठ हक्का-बक्का; फिर संभलकर राजा से निवेदन करने लगा - 'अन्नदाता! आपकी आज्ञा को कौन टाल सकता है। मुझे तो मरना ही है तो आप वही करें - जिसमें आपका कम खर्चा हो, किफायत हो, खजाने पर भार कम करें; वैसा करें; बचत होनी चाहिए।'

सेठ परीक्षा में सफल हो गया। यह उत्तर सुनकर राजा मुस्करा कर प्रधानमंत्री की ओर देखने लगा।

मंत्री - राजन! जैसे आदमी की हमें तलाश थी, वैसा हमें मिल गया है।'

राजा ने घोषणा की - आज से नगरसेठ हमारे खजांची बनाए जा रहे हैं। ये ही वित्त मंत्री हैं।

नगरसेठ की जय-जयकार से सभा गूंज गई! प्रश्न है - वे किफायत क्या कर सकेंगे, जिनके पान के लिए मीलों-मीलों सरकारी मोटरें दौड़ती हैं और एक छींक आने पर इलाज में लाखों-लाख जनता के रुपए बर्बाद हो जाते हैं।

बात समझाने का ढंग

माँ अपने जिद्दी लड़के को एक महात्मा के पास ले गई। कहने लगी - 'महाराज! यह ऊटपटांग खाता है, इधर लत भी पड़ रही है - पान जर्दे की। समझाने व कहने पर छोड़ता नहीं।'

महात्मा - खूब मजा आता है - ऐसा खाने-पीने में!'

लड़का - महाराज! मजेदार स्वाद है।'

महात्मा - 'बेटा! तो डबल खाया कर। इससे तुमको चार फायदे हैं।' लड़का खुश, बेचारी माँ चक्कर में! विचारती है - कहाँ आ गई।

महात्मा - 'फायदे भी, ऐसे-वैसे नहीं। एक तो तेरे घर में चोरी नहीं होगी। (२) तुमको कुत्ता नहीं काटेगा। (३) पानी में डूबने का डर नहीं और सबसे बड़ा चौथा लाभ है - तू बूढ़ा नहीं होगा।' माँ ऐसी बातें सुनकर मुरझा गई और लड़का बेहद खुश।

महात्मा ने कहा - 'कैसे? इसे समझ। तू ये चीजें खाएगा तो तुम्हें खाँसी होगी, बीमारियां होंगी - नींद आएगी नहीं, 'खाँ-खाँ" करेगा, जागेगा तो फिर चोर आएंगे कैसे! चल नहीं पाओगे, लकड़ी के सहारे से चलोगे तो लकड़ी के डर के मारे कुत्ते तेरे पास नहीं आएंगे।

पानी में तैरने की हिम्मत नहीं होगी - इसलिए डूबने का डर नहीं। बुढ़ापा आएगा नहीं, क्योंकि तू तो बुढ़ापा आने के पहले ही मर जाएगा।'

लड़का यह सुनकर काँप गया। महात्मा की बात समझाने की शैली से माँ का मनचाहा हो गया।

इसमें प्रशंसा कैसी?

ईश्वर चंद्र विद्यासागर उस समय खर्मा टांड में रहते थे। आवश्यकतावश ढूंढ़ता एक व्यक्ति पहुंचा। उससे ज्ञात हुआ कि वह कई दिनों से विद्यासागरजी को ढूंढ़ रहा है और वह आज भटकता हुआ पहुंचा है। विद्यासागर ने कहा - 'देखिए, भोजन तैयार है। पहले आप भोजन कर लें, पीछे बातें होंगी।'

वह एक साधारण मनुष्य था, उसको किसी ने अभी तक पानी के लिए भी पूछा नहीं था। वह ऐसा उदार व्यवहार पाकर रोने लगा। विद्यासागर - 'आप रोते क्यों हैं? भोजन के लिए मैंने आपसे कहा है, इसमें कुछ अनुचित कहा हो तो आप मुझे क्षमा कर दें। मेरे यहाँ आप भोजन न करें तो और कहीं व्यवस्था कर दूं।'

उस व्यक्ति ने कहा, 'मुझे तो आपकी दयालुता ने रुलाया है। मैं कितना भटका हूँ, मुझे तो किसी ने बैठने तक को नहीं कहा। आप.....

परंतु विद्यासागर अपनी प्रशंसा सुनकर बीच में ही बोल उठे - 'अपने यहां कोई व्यक्ति आवे तो अतिथि-सत्कार के नाते ऐसा करना सभी का कर्तव्य है। इसमें प्रशंसा कैसी? आप झटपट चल कर भोजन कर लीजिए।

जब वह भोजन कर चुका, तब विद्यासागर ने उसके आने के कारण को पूछा।

इस धरती का एक स्वर्गिक दृश्य

रहीम खानखाना अपने समय के उदार और दानी व्यक्तियों में नामी थे। वे बहुत बड़े गुण-ग्राहक थे। अपने जीवन काल में अनगिनत व्यक्तियों को लाखों रुपयों से पुरस्कृत कर सम्मानित किया था।

एक समय मुल्ला नजीरी नामक व्यक्ति ने रहीम खानखाना से निवेदन किया कि मैंने अपने समस्त जीवन में कभी एक लाख रुपयों का ढेर नहीं देखा है।

'एक लाख रुपयों का ढेर शीघ्र लगा दिया जाए।' खानखाना का आदेश पाकर उनके खजांची ने रुपयों का ढेर लगा दिया।

'परमात्मा को धन्यवाद है। उनकी कृपा से खानखाना ने एक लाख का ढेर लगवा दिया।' मुल्ला नजीरी प्रसन्नता से नाच उठे। रहीम ने परमात्मा को तहे दिल से धन्यवाद देते जब मुल्ला को देखा तो वे प्रेम और करुणा से आर्द्र हो गए और कहने लगे - 'ये रुपए भी अब आपके। एक बार और परमात्मा को नाच कर धन्यवाद दें।'

यह स्वर्गिक दृश्य इसी धरती का है! हमारा अविश्वासी मन चकित होता है, प्रसन्न होता है; पर विश्वास नहीं करता!

तुम्हारे ऋण से छुटकारा नहीं

भारतेंदु हरिश्चंद्र अपनी असीम उदारता के कारण आर्थिक तंगी में आ गए। एक समय ऐसा आया कि उनके पास इतने पैसे भी नहीं थे कि आए हुए पत्रों का उत्तर भेज सकें। जो पत्र आते थे, उनका उत्तर लिख कर लिफाफे में बंद करके भारतेंदुजी मेज पर रख देते थे। उन पर टिकट लगाने के पैसे हों तो पत्र भेजे जाएं। पत्रों की एक ढेरी एकत्र हो गई, उनकी मेज पर। उनके एक मित्र ने उन्हें पाँच रुपए के टिकट लाकर दिए और वे पत्र डाक में डाले गए।

भारतेंदुजी की स्थिति कुछ ठीक हुईं। अब जब वे मित्र मिलते थे, तभी भारतेंदुजी बलपूर्वक पाँच रुपए उनकी जेब में डाल देते और कहते - आपको स्मरण नहीं, आपके पाँच रुपए मुझ पर ऋण हैं।

अंत में मित्र ने एक दिन कहा - 'मुझे अब आपसे मिलना बंद कर देना पड़ेगा।'

भारतेंदु बाबू के नेत्र भर आए। वे बोले - 'भाई! तुमने ऐसे समय मुझे पाँच रुपए दिए थे कि मैं जीवन-भर प्रतिदिन तुम्हें पाँच रुपए देता रहूं, तो भी तुम्हारे ऋण से छूट नहीं सकता।'

भगवद् द्रव्य - सब का

महाप्रभु यह सुनकर आश्चर्य चकित हो गए कि भगवद्-विग्रह के राजभोग के लिए द्रव्य का अभाव हो चला है।

'सोने की कटोरी गिरवी रख दी जाए।' महाप्रभु श्रीवल्लभाचार्य के आदेश का तुरंत पालन हुआ। भगवान् श्रीनाथजी को राजभोग प्रस्तुत किया गया, महाप्रभु ने प्रसाद नहीं ग्रहण किया। दो दिन उपवास किया, अन्न-जल ग्रहण नहीं किया। वैष्णवों ने कारण पूछने का साहस नहीं किया। सब चिंतित थे।

दो दिन बाद द्रव्य आने पर उन्होंने प्रसाद लिया। वैष्णवों द्वारा कारण पूछने पर आचार्य जी ने कहा - 'सोने की कटोरी पहले ही भगवत्सेवा में अर्पित की थी। उस पर भगवान् का अधिकार था। उसके बदले में लाया गया भोग भगवान् तो ग्रहण कर सकते हैं, पर उनके इस भोग का प्रसाद लेना महापातक है।'

आचार्य ने व्यवस्था कर दी कि मेरे वंश में या मेरा कहला कर जो कोई भगवद्-द्रव्य का उपयोग करेगा, उसका नाश हो जाएगा।

जिसका द्रव्य है, जिस निमित्त है - वह उसी को मिले, उसी निमित्त उपयोग में आवे। आचार्य श्री की इस शाश्वत वाणी को क्या हमारे महंत, हमारे पुजारी, हमारे नेता या कार्यकर्ता सुनकर आत्मालोचन करेंगे? यह वाणी नहीं, एक दर्पण है - आत्मरूप देखने का!

सच्ची नागरिकता के संस्कार

एक घनघोर जंगल था। वहां पर एक बहुत पुराना वृक्ष था, सघन, छायादार। उस पेड़ पर हंस-हंसिनी का जोड़ा रहता था। एक बार दावानल की प्रचंड लपटों में पेड़ जलने लगा। पेड़ पर रहने वाले पंछी उड़ गए, दूर बसेरे की तलाश में। पुराने पेड़ ने देखा, सारे पंछी उड़ गए हैं, पर हंस और हंसिनी निश्चित बैठे हैं। पेड़ ने करुण व आत्मीयता से ओतप्रोत वाणी में कहा -

लाय लगी बन खंड में, दाझया चन्नण बंस।
म्हे तो दाझया पंख बिन, तूं क्यों दाझे हंस?

- देख, वन में आग लग गई। चंदन और बाँस के पेड़ जल गए हैं। हम पेड़ तो चल नहीं सकते, हमारे पंख नहीं कि हम उड़ जावें, पर, हे हंस! तू पंख वाला होकर यहां क्यों जलने बैठा है?

हंस ने जो उत्तर दिया, वह उत्तर मात्र नहीं, मानव जीवन को कृतज्ञता का, कर्तव्य का अनमोल पाठ पढ़ाने वाला एक दुर्लभ मंत्र है।

पान मरोडया, रस पियो, बैठ्या, एकण डाल।
थे दाझो, म्हें उड चलां, जीणो कितोक काल॥

- हमने तुम्हारे पत्तों को मरोड़ा है, रस-पान किया है, तुम्हारी डाल पर बैठकर बसेरा किया है। तुम जलो और हम कृतघ्न बन उड़ जाए, यह कैसे संभव है? यह जीवन, आखिर कितने दिन का? क्षण भंगुर जीवन के मोह में ऐसा अनर्थ असंभव है।

यह हंस है, केवल हंस-एक सच्चा नागरिक। यदि यह राजहंस होता तो प्रजा को छोड कर राजमंडली का चारण बन कर मौज मस्ती करता, परमहंस होता तो ब्रह्मानंद के मान सरोवर में केलि क्रीड़ा करता मुक्ति के मुक्ताफल चुनता। पर, यह हंस है-केवल हंस, सच्चा नगरिक- जिसका भाग्य राष्ट्र के साथ बंधा है।

ऐसा चांडाल भी मेरा गुरु

आदि शंकराचार्य जिन दिनों काशी वास कर रहे थे। उन दिनों वे वहां के मणिकार्णिका घाट पर रहते थे और रोज सवेरे गंगा स्नान करके वहां के काशी-विश्वनाथ और अन्नपूर्णा मंदिर में जाकर दर्शन किया करते थे। एक रोज सुबह शंकराचार्य गंगा स्नान के लिए चले जा रहे थे तो ठीक उसी समय एक चांडाल अपनी पत्नी और कई कुत्तों के साथ बिल्कुल सामने से आ रहा था। और वह भी बीच रास्ते में होकर। शंकराचार्य ने सोचा अब हम कैसे निकलें, यह तो ऐसे आ रहा है कि उसका देह स्पर्श होगा ही। तब उन्होंने उससे कहा - 'अरे, दूर हट जाओ।'

पर काशी का वह चांडाल भी बड़ा विलक्षण था। शंकराचार्य के ये शब्द सुनकर वह कहने लगा - 'महाराज, कहां से हट जाऊं? यह देह जो अन्नमय है उसी से यह शरीर हटे या जीवात्मा जो चेतन है वह चेतन से दूर हटे? मैंने सुना था कि आप, 'अद्वैत' के प्रतिपादक हैं। क्या यही आपका 'अद्वैत' है? 'एको ब्रह्म द्वितीयो नास्ति' का क्या यही भाष्य है? जो सूर्य चांडाल के घर के पीछे भरे पंक में प्रतिबिंबित है, वही गंगा के प्रवाह में प्रतिबिंबित है। उन दोनों प्रतिबिंबों में क्या कोई अंतर है? और क्या घटाकाश - जो आकाश मिट्टी के घड़े में प्रतिबिंबित है और जो आकाश स्वर्ण घट में प्रतिबिंबित है - उन दोनों प्रतिबिंबों में अंतर है? यदि उनमें अभेद और अद्वैत है तो ब्राह्मण और चांडाल में भेद कैसा?

उसकी ऐसी वाणी सुनकर शंकराचार्य भावविभोर होकर कह उठे - 'ऐसा चांडाल भी मेरा गुरु है।'

भाषा हो भावों की वाहक

हमारे एक कवि लंदन में अपने अध्ययन कक्ष में बैठे हैं, वे वहां के किसी कवि पर शोध करने गए हैं। एक अंग्रेजी युवती अचानक प्रवेश करती है और टूटी फूटी हिंदी में कहती है-

तुम कवि हो, हिंदी के। मैंने तुम्हारी कविता पढ़ी है। हिंदी को मैं बहुत प्यार करती हूं और फूट पड़ी यह कहती हुई - 'आई हेट इंगलिश' मैं अंग्रेजी से नफरत करती हूं, यह भाषा झूठी है, छल कपट से भरी है।' यों कह कर उसने ढेर के ढेर अपने किसी प्रेमी के ढेरों पत्र नीचे पटक दिए और कहा 'देखो, इनमें कितने प्यार के मुहावरे हैं, संवेदना से भरी पंक्तियां है - सब धोखा है। वह धोखे-बाज निकला।'

हम अंग्रेज किसी गलती पर 'सॉरी' बोलते हैं, पर, हमारे चेहरे से, हमारे दिल से, हमारे भावों से इस बोलने का कोई संबंध नहीं!'

सचमुच आज अंग्रेजी ही नहीं, हमारी सभी भाषाएं मशीन की तरह संवेदन शून्य हो रही हैं। भाषाएं भावशून्यता के खतरे से गुजर रही हैं!

भाषा भावों की वाहक होती है, पर वह भाव से टूट कर मशीन की तरह जड़ हो रही है! मनुष्य का मशीनीकरण एक आंतरिक खतरा है। जो उसकी भाषा को भी संवेदन शून्य बना रहा है। हम ऊपर से सूख रहे हैं - इस खतरे को जानते हैं - इस ओर सजग हैं। पर भीतरी खतरे को भी पहचानें!

ये आत्मघाती करनामें

भारत के हजारों वर्षों के इतिहास में जब महा मूर्ख की तलाश की जाती है, तो हमें महाकवि कालिदास की कवि होने के पूर्व की एक कथा याद आती है। पंडित वर्ग प्रतिशोध भावना से राजकुमारी का विवाह केवल मूर्ख से नहीं, महामूर्ख से करवाने के लिए कृत संकल्प थे। वर्षों-वर्षों की लंबी तलाश के बाद उन्हें एक युवक मिला, जो पेड़ की उसी डाल को काट रहा था, जिस पर वह बैठा था। पंडित बड़े प्रसन्न हुए कि चलो एक तो महा मूर्ख मिला।

पर, आज? लगता है, राष्ट्र में हम चारों ओर गर्व के साथ महा मूर्ख का कार्य कर रहे हैं। गुस्सा आता है, एक पार्टी को आता है तो वह क्रोध में उबल कर सरकारी यानी जनता की, यानी अपनी, बसें जला देती हैं, रेल गाडियां गिरा देती है। बड़े-बड़े विशाल भवन राख के ढेर बना दिए जाते हैं। फिर, वही जब सत्ता में आती है, तो इस महा मूर्खता पर रोष प्रकट करती है। हम जिस स्कूल में, दफ्तर में, कारखाने में काम करते हैं - उसको हानि पहुंचाना अपना हक समझते हैं। फिर अभावों के लिए चिल्ल - पौं भी मचाते हैं।

आज एक कालिदास नहीं, हम हजारों की संख्या में हैं। क्या, यह दुश्चक्र रुकेगा नहीं? हां, रुक सकता है - शर्त है, हम दलों में रहते हुए भी भारतीयता की भव्य भावना के उपासक बनें। त्राण का यही एक मात्र पथ है।

मेंढकों को मारते ये 'सिंह!'

एक बब्बर सिंह था। उसके पराक्रम की कथाएँ दूर-दूर तक फैल गई थीं। आकाश में जब इंद्र गर्जना करता तो वह केसरी धरती पर ऐसा दहाड़ता कि सारा वन और गिरि-प्रदेश थर्रा उठता था। ध्वनि से भूकंप सा आ जाता। उसने कितनी ही बार मदोन्मत्त हाथियों के गंडस्थल को अपने हत्थल से विदीर्ण कर अपनी धाक जमाई थी। हाथियों के सद्यः शोणित से स्वयं राज्याभिषेक कर वह मृगराज बना था।

पर, समय का फेर! वह बूढ़ा हो गया – दंत नाखून हीन, तालाब के किनारे पड़ा था। एक दिन एक मेढक टर्र-टर्र करता उछल कर सिंह के पास पहुँचा। बूढ़े सिंह ने अपनी अधमुंदी आंखें खोली और पंजे से मेढक को पकड़ कर मार डाला। सिंहनी यह देखकर व्यथित हो गई। उसने सिंह को शौर्य की स्मृति दिलाते हुए इतना ही कहा -

सिंहणी केवै सिंहने, आ ओछी मत धार।
जिण हाथां हाथी हन्यो, अब मींडक मत मार॥

(सिंहनी सिंह से कहती है - अब यह कैसी ओछी-निंदनीय बात अपना रहे हो। जिन पंजों से तुमने हाथियों को मारा था, उनसे अब मेंढक मारते-लजाते भी नहीं हो।)

संभवतः बूढ़ा सिंह ऐसा न भी करता, पर क्या हमारे ये नाम के नेता जिनकी शौर्य व त्याग परंपरा तिलक, गांधी, पटेल और सुभाष से जुड़ी है, आज ऐसे ही काम नहीं कर रहे हैं। पर, प्रश्न है सिंहनी का रोल कौन अदा करे!

सभी तो महा भोज में जुटे हैं।

धीर बनें न्याय के पथ पर

नए मंत्री बने थे। स्वागत समारोह था। अध्यक्ष पढ़ रहे थे - 'अव्वल दर्जे के झूठे, कामचोर व भ्रष्ट थे...' पढ़ते-पढ़ते होश आया ये तो नए मंत्री हैं। अत: पढ़ना बंद कर कहा - मंत्री महोदय! क्षमा करें, कर्मचारी की गलती से यह पत्र गलत आ गया। हमारे यहां दो तरह के पत्र छपे हुए हैं - यह पत्र तो जब जाएंगे, तब पढ़ने का है।'

आवाज दी अध्यक्ष ने - आने वाले का पत्र ला - बुद्धू कहीं का।' इतने में कर्मचारी ने नया पत्र हाथ में थमा दिया।

पढ़ने लगे - 'मंत्री महोदय, आपके आगमन से हम धन्य हैं। आपकी सेवाएँ सर्व विदित हैं। आप सच्चे, खरे व नया युग लाने वाले हैं।' इस प्रकार पढ़ते गऐ पर - मंत्री का मन उचट गया।

हमारी यही स्थिति है। हम जब प्रशंसा करते हैं तो कहेंगे - 'सिद्धश्री सर्वोपमा. ..!' और उपमाओं को खाली कर देंगे। जब विरोध करेंगे तो निंदा की सारी याद की हुई सूची उँड़ेल देंगे।

इसीलिए गीताचार्य ने कहा - **'सम निंदा स्तुति।'** निंदा हो तो डरो मत, विचारो - यदि द्वेष वश है तो भय क्या, सच्ची है तो सुधरने की प्रेरणा लो।

प्रशंसा हो तो भी विचारो - इसमें चाटुकारिता है तो भ्रम में न पड़ो। यदि गुण न हो तो समझो - ये मुझे उपदेश दिए जा रहे हैं। इन गुणों का अर्जन करने की कोशिश करें।

नीतिकार का कथन -

चाहे नीति निपुण निंदा करें, चाहे प्रशंसा! दोनों से अप्रभावित रहकर - धीर न्याय के पथ से विचलित नहीं होते - एक कदम भी।

'न्यायात पथः प्रविचलन्ति पदं न धीराः'

प्रेम में सारी बातें

यदि हम अपने राष्ट्र से प्रेम करना सीख लें - तो प्रेम में सारी बातें आ गई। प्रेम सहनशील होता है। प्रेम ईर्ष्या नहीं करता। प्रेम अपनी बड़ाई नहीं करता और

वह कभी फूलता नहीं
'प्रेम कभी हारता नहीं।
संदेश हों तो वे समाप्त हो जावेंगे।
भाषाएं हों तो वे जाती रहेंगी
ज्ञान हो तो वह मिट जायगा'

- ईसा।

प्रेम में सारे कर्तव्य आ गए।
प्रेम कभी कुचाल नहीं चलता।
प्रेम कभी स्वार्थ नहीं साधता।
प्रेम कभी झुंझलाता नहीं।
प्रेम सब बातों को सह लेता है।
प्रेम सब बातों की आशा करता है।

भगवान् ने जब अपने रूप में मां को बनाया तो मां ने पूछा - 'मैं बच्चे के लिए क्या-क्या करूं?

भगवान् - तुम कुछ न करना - केवल प्रेम करना।'

मां की यह ममता ही भविष्य की आशा है। यदि संसार में अहिंसा को लाना है तो नेतृत्व की लगाम मां को ही सौंपनी पड़ेगी। मां का अर्थ है - प्रेम! यही आशा है।

चारों बलों में मेल हो

'निर्बल के बल राम' यह थके हारे के लिए एक सहारा है। पर, सच्ची बात तो यह है कि निर्बल होना - स्वयं में एक अपराध है और पाप भी।

जीवन में बल का संग्रह हो - किसी को सताने के लिए नहीं, सेवा के लिए।

नीतिकारों ने भी पांच प्रकार के बल माने हैं - बाहुबल - यह पहला बल है; पर - यह कनिष्ठ (सबसे छोटा) बल है। मंत्री का बल - दूसरा बल है; जीवन में अच्छे सलाहकार का मिलना भी एक बल है। धन का बल - तीसरा बल है। व्यवहार में इसे अस्वीकार नहीं किया जा सकता। यदि हाथ में पैसे हो तो काने का भी विवाह हो जाता है। परिवार या कुटुंब का भी बल होता है - इसे 'अभिजात' नाम का चौथा बल कहा गया है।

बाहुबल, अमात्य बल, धनबल, अभिजात बल; पर - सर्वश्रेष्ठ बल है - प्रज्ञा बल (बुद्धि बल)।

'यद् बलानां बलं श्रेष्ठं तत् प्रज्ञाबलमुच्यते।'

(विदुर नीति)

नीतिविद चाणक्य ने इसी मेधा के बल पर राजाओं की चतुरंगिणी चमू (सेना) को थर-थर कँपा दिया।

बच्चों की कहानी है - एक खरगोश ने अपनी अक्ल से मदोन्मत्त सिंह को कूप में गिरा दिया।

बुद्धिर्यस्य बलं तस्य
निर्बुद्धेस्तु कुतो बलम्।
पश्य सिंहो मदोन्मत्तः
शशकेन निपातितः॥

राष्ट्र तभी आगे बढ़ता है - जब ज्ञान बल हो, शक्तिबल हो, धनबल हो और सेवाबल हो। चारों में मेल हो, संतुलन हो और चारों एकाकार हों।

यदि अहंकार बह जावे

रवि बाबू की गीतांजलि का पहला गीत है - यहां कवि यह नहीं कहता कि मेरे माथे को ऊंचा करो और न यही कहता है कि मेरे अधरों पर मुस्कान की उजली रेखा नाचे। हम सब चाहते हैं - उन्नत सिर और छलकता आनंद। पर - कवि जानता है - जो माथा झुकना नहीं जानता, वह ऊंचा तनेगा कैसे? जो अपने अहंकार को आंसुओं में बहा न दे वह आनंद से चमकेगा कैसे?

सारे विश्व ने रवि बाबू से नोबेल पुरस्कार प्राप्त करने के बाद जिन दो पंक्तियों से प्रथम-प्रथम साक्षात्कार किया - वे थीं -

'आमार माथा नत करे दाओ हे तोमार चरण-धुलार तले।
सकल अहंकार हे आमार डुबाओ चोखेर जले।'

(मेरा मस्तक अपनी चरण - धूलि तल में झुका दे!

प्रभु! मेरे समस्त अहंकार को आंखों के पानी में डुबा दे!)

इन दो पंक्तियों से यदि हम जीवन का प्रारंभ करें तो कुछ भी करणीय शेष नहीं। हमारा मस्तक झुके, केवल प्रभु के चरणों में। फिर उसे कौन झुका सकता है।

यदि अहंकार बह जावे - अश्रुधारा में, पछतावे के साथ। 'मैं' मिटा तो तू ही तू बच रहा।

यह साधक का प्रथम सोपान है। यही है - सिद्धि का शिखर भी!

भगवान् के चरणों में माथा झुका

और 'मैं' बहा तो सब पाया।

गुलाम बनकर सर झुका तो सदा झुका रहा,

अहंकार नहीं मिटा तो जन्म भर रोता रहा!

गीत की ये पंक्तियां जीवन में उतरे तो

जीवन ऊपर चढ़े।

मालवीय जी की महिमा

'कहते हैं - पूज्य पं. मदन मोहन मालवीय जी महाराज ऐसे थे जो गाय को ही नहीं, बैल को भी दुह लेते थे।

एक बार वे हैदराबाद के नवाब के पास गए - हिंदू विश्व विद्यालय के लिए धन प्राप्त करने। नवाब कंजूस, एक दमड़ी देने को तैयार नहीं।

पर, मालवीय जी के धीरज का क्या कहना! एक दिन उन्होंने देखा, हैदराबाद में कोई मर गया है और मुर्दे शरीर के ऊपर न्यौछावर कर रुपयों-पैसों की सड़क पर उछाल हो रही है। मालवीय जी वहां उछाल में शामिल -सिक्के लेने बटोरने लगे। एक नाटक ही था यह।

नवाब के कानों यह खबर पहुंची या पहुंचाई गई। वह बेहद शर्मिंदा। मालवीय जी को बुलाकर पूछा - 'महाराज! आप यह क्या करने लगे!'

मालवीय जी - 'नवाब साहब! मेरी प्रतिज्ञा यहां से चंदा लेने की है। जब देखा कि यहां कोई जिंदा व्यक्ति नहीं देता है तो मुझे अच्छा लगा - मुर्दे से भी मांग लो। इसलिए।' नवाब शर्म के मारे गड़ गया और पांच लाख का चैक मालवीय जी महाराज की सेवा में पेश कर दिया।

बैल को दुहना - यहां सार्थक कर दिखाया। मालवीय जी सचमुच भिखारियों के बादशाह थे -गांधी जी के शब्दों में!

सत्य की छलना बन्द हो

सभी को तलाश है- सत्य की। यह सांच साहित्य में यथार्थ के रूप में आदर्श है। यह सांच वैद्य के यहां स्वास्थ्य व नैरोग्य है - अत: वहां फूलों को घोटा जाता है, स्वर्ण को भस्म किया जाता है और मौक्तिक की पिष्टि बनती है। लावण्य वहां आयु है।

राजनीति में यही सत्य छला जाता है। दर्शन में यही परमार्थ है और भक्ति का यही ईश्वर है।

पर, सत्य है क्या? यहीं आकर हम ठिठक जाते हैं। संतों का कहना है-

'सत की दड़ी गेडियां रलगी
पिंडत कर दियो घोल मथोल

संत बरी हो जाते थे - पंडितों के गले बदनामी का टोकरा बांध देते थे। क्योंकि उनका कहना है कि पंडित सत्य की गेंद को इधर से उधर अपनी पंडिताई के दंडे से करते रहते हैं।

अब तो सत्य की यह गेंद न पंडितों के पास है, न संतों के पास। उसके खिलाड़ी राजनीति के नेता हैं-जिनके दलों के दलदल में यह फंसी है।

'सत्य' की इस गेंद को जाग्रत् जन मत ही यदा-कदा प्राप्त कर सकता है। महाकवि 'प्रसाद' ने सच कहा है- 'सब बातों में खोज तुम्हारी' निष्कर्ष यह निकाला 'मेधाके क्रीडा पंजर का पाला-हुआ सुआ है।' सत्य मेधा का बुद्धि का - पालतू तोता है। पर, सांच तो व्यक्ति की अनुभूति है। यही इतना ही सच है।

जो सबका दास वही मालिक

जो जमीन पर बैठता है
उसे नीचे कौन बैठा सकता है,
जो सबका दास बनता है,
उसे दास कौन बना सकता है?

गांधी (14-9-1945)

आधी सदी बीतने के बाद भी ये विचार आज भी हमें नया संदेश देते नजर आते हैं। ऊपर बैठ कर शासन करनेवाले अब ऊपर कहां! पर, जो जमीन पर बैठ कर सेवा करते हैं, वे आज भी लोगों की नजर में चढ़े हुए हैं।

जो सबका दास बन सेवा करता है - वही तो सच्चा मालिक होता है।

'जेतो नीचे ह्वै चलै तेतो ऊँचो होय'

जो जितना विनम्र होकर चलता है, वही ऊंचा होता है। ऐसी विरोधाभासी दुनिया है।

मान मत चाहो, मान मिलेगा।

मान के भूखे हो - तो जीवन भर मान के लिए तरसो।

संसार को जिन्होंने तुच्छ व क्षणभंगुर समझ कर उसके भोगों को छोड़ा - उसी की याद को सँजोकर दुनिया रखती है।

कितने ही सेठ-साहूकार राजे-महाराजे आए, बिला गए। उसे याद है - संत, सेवक, त्यागी, फकीर!

जो सबका दास वही मालिक।

कर्म ही पूजा

संसार की सेवा और प्रभु-पूजा जब एकाकार होती है तो धर्म अपनी समग्रता प्राप्त करता है। स्वस्थ कलेवर में आत्म प्रकाश!

कबीर साहब जुलाहे थे, लंबी तानकर सोने वाले नहीं - सदा सूत तानकर ताना बाना बुनते। ।

'हम घर सूतत नहिं नित ताना
हम घर सूत तनहिं नित ताना।'

एक ओर 'काहे का ताना - काहे का बाना' जैसे भाव भी चलते और 'झीनी झीनी बीनी चदरिया' भी। दोनों ओर चमत्कार!

कोई किसान भक्त खेत निराता और साथ ही दिल से मद मोह को, लोभ - लालच को भी हटाता।

नाई भक्त किसी के सिर से मैल निकालता और साथही मन को भी स्वच्छ कर सजाता - सँवारता।

'हाथ में काम, मुँह में राम' एक साथ। यही कर्मयोग की सही तस्वीर है।

स्वामी विवेकानंद जी का यह संदेश 'कर्म ही पूजा है।' भौतिकता व आध्यात्मिकता को एकाकार करता है। इसीलिए गीताकार ने बताया -

'इसलिए तू सदा सर्वदा युद्ध कर और मुझे सदा याद कर।'

यानी याद क़रना- युद्ध करना, दोनों साथ-साथ एकाकार।

तस्मात् सर्वेषु कालेषु
मामनुस्मर युध्य च।

- गीता

बहाने से स्वार्थ सिद्धि

भयंकर ठंड पड़ रही थी। किसी नामी सेठ के यहां मंडली जमी थी। सामने सिगड़ी रखी थी - लोग तरह-तरह की विनोद की बातें कर सेठजी का दिल बहलाव करते थे। सेठजी भी बातों का मजा लेते और मौके-ब-मौके देते भी खूब थे। सच है - 'जो देवै, वो सेठ।' जो देता है, वह तो सेठ है, इसी में सेठाई का ठरका है।

सेठ का बंगला शहर के किनारे बना था - अचानक सियारों की आवाजें सुनाई दीं। सेठ ने पूछा - 'ये सियार चिल्ला क्यों रहे हैं?'

एक आदमी ने कहा - 'सेठ जी! ये कह रहे हैं - हम सर्दी में मर रहे हैं, सेठ जी! हमारे लिए रजाइयां बनवा दीजिए।'

सेठ जी ने हुक्म दिया - 'यदि ऐसा है तो रजाइयां इनके लिए बनवा दी जाएं।

रजाइयां बनीं और सब की सब सेठ जी की महफिल में जमने वालों के घरों में पहुंच गई।

सेठ जी को बता दिया गया कि सारी रजाइयां सियारों को बांट दी गई है। वे सब अब मज़े में हैं।

एक रात सेठ जी जा रहे थे, सियारों की 'हू-हू' सुनाई दी। पूछा 'क्या बात है-ये सियार अब चिल्ला क्यों रहे हैं?'

महफिल के जमावड़े ने बुद्धिमत्ता से कहा - 'ये सियार आपको आशीष दे रहे हैं।' सुनकर सेठ जी खुश हो गए।

पुरानी कहानी में सियारों के नाम से केवल रजाइयां ही घरों में पहुंची।

करोड़ों रुपए पशुचारे के बहाने राजनीतिक नेताओं द्वारा हजम हो जाते हैं, डकार तक नहीं लेते।

मौन की महिमा

एक संत थे। उनके पास एक व्यथा-संतप्त व्यक्ति आया। संत ने मंद मुस्कराते हुए कहा - अभी तो तुम जाओ, मैं जरूरी कामों में व्यस्त हूं। आज के दस दिन बाद आना। मैं तुम्हें आनंद के अजर अमर पारावार के शांत तट पर पहुंचा दूंगा। पर, ये दस दिन तुम सबसे दूर, एकांत में मौन रह कर बिताना।'

व्यक्ति में शांति की सच्ची भूख थी। शांति के लिए रोम-रोम में प्यास थी। स्वामीजी के आदेश का उसने अक्षरशः पालन किया। वह दस दिन के बाद लौट आया अब प्रश्न पूछने के स्थान पर कृतज्ञता से विनम्र वाणी में बोलने लगा - 'आपके आदेश के पालन ने मुझे आनंद सिंधु के किनारे पहुंचा दिया है। मैंने इन दस दिनों के मौन में जो आनंद पाया, वह अभी तक जीवन में प्राप्त नहीं हुआ।'

वाणी का यह संयम तप है, इसे संकल्प शक्ति से ही पाया जा सकता है। आदमी के लिए सबसे बड़ी परेशानी यह है कि वह बोलना तो दो एक वर्ष में सीख लेता है, पर चुप रहना सीखने में सारा जीवन लग जाता है।

चार्ली चैप्लिन की पहली पत्नी ने चैप्लिन के पहले पुत्र के जन्म के एक वर्ष बाद चैप्लिन से कहा - 'मुन्ना तो अभी से बोलने लगा है।'

चैप्लिन ने कहा, 'पुरुषों की यही मुसीबत है! बोलना सीखने में तो कुल एक वर्ष लगा है, पर चुप रहना सीखने में सारा जीवन चला जाता है।'

अनुभव कहता है - 'हमने बोल कर जितना काम बिगाड़ा है, चुप रहकर नहीं।'

सज्जनों का प्रेम अटूट

साथ में रहने वाले बर्तन भी यदा-कदा खड़बड़ा जाते हैं, फिर आदमी तो आदमी है, चेतन, विचारशील, व्यक्तिवादी और अहंकारी। दो आदमी रहते हैं, कभी खटपट हो जाती है, विचार नहीं मिलते। चेहरे अलग तो विचार भी अलग। आश्चर्य है जब मतभेद होता है तो गलती से हम मन भेद कर लेते हैं। कहते हैं - हमारा फलां व्यक्ति से, अमुक से - दिल फट गया है। अजीब बात है, दिल क्या कोई दूध है, जो फट गया है।

दिल तो मोतियों का हार है। मोतियों का हार टूट जाता है तो कोई बात नहीं। फिर बार-बार हार को नए धागे में, नए सूत्र में पिरोया जाता है। 'फिर फिर पोहिये टूटे मुकता हार' यही सयाना काम है।

भले आदमियों का, सत्पुरुषों का दिल हजार बार चाहे न मिले; पर, वह टूटता नहीं। सोने का क्या टूटना?

कबीर साहब की यह साखी जीवन के सत्य की साख भरती है-

सोना सज्जन साधु जन टूटि जुरै सौ बार।
दुर्जन कुंभ कुम्हार का, एकै धका दरार॥

हम साधुजन बनें और दिल को ऐसा रखें कि वह भयंकर से भयंकर आघातों में टूटे नहीं - वज्र की तरह कठोर, पर साथ ही हो कुसुम सा कोमल। इसी विरोधाभास में जीवन की धन्यता व अर्थवत्ता है।

'सजनक प्रेम मृणाल क तूल
टूटत ही नहीं टुट गेल।'

- विद्यापति

सज्जनों का प्रेम मृणाल-कमल-नाल की तरह होता है जो टूटने पर भी नहीं टूटता। श्वेत सूक्ष्म तंतु उसे अटूट रखते हैं।

सादगी के ये उजले आखर

जर्मनी के महान् श्रेष्ठतम सांस्कृतिक प्रतिनिधि महाकवि गेटे के ये शब्द सादगी के उजले आखर हैं -

'इस कमरे तथा इससे लगे हुए कक्ष को देखिए। खुले द्वार से आप मेरे शयन कक्ष को देखते हैं। दोनों कमरे बड़े नहीं है और आवश्यक वस्तुओं जैसे पुस्तकों, पांडुलिपियों और कलाकृतियों के रखने से उनमें स्थान कम रह गया है। किंतु मेरे लिए यही पर्याप्त है। अधिक स्थान घेरने वाले फर्नीचर से घिर जाने पर मेरी चिंतन-शक्ति प्रभाव शून्य हो जाती है और मैं निष्क्रियता की स्थिति में पहुंच जाता हूँ।'

गेटे के निजी पुस्तकालय में 5 हजार 4 सौ 24 पुस्तकें हैं - जिनमें हैं - शाकुंतलम्, विक्रमोर्वशीयम्, इंद्रलोकागमन, हिड़िंबा वध, ब्राह्मण विवाद, सुंदोपाख्यान, प्रबोध चंद्रोदय, मालती माधव, भरत का नाट्य शास्त्र, उत्तर राम चरित, मुद्राराक्षस, हनुमान नाटक, समुद्रमंथन, मृच्छकटिकम्।'

सादगी एवं ज्ञान की यह प्यास हमारे लिए उद्बोधक है, प्रेरक है।

एक दांव बचाइये भी

'एक सिंहनी ने अपने छोटे बच्चे को नए नए दांव पेंच सिखाने के लिए बिल्ली को नियुक्त किया। सिंहनी बिल्ली की सुख-सुविधा, खान-पान और मौज-मस्ती का पूरा ध्यान रखती। वह बिल्ली तरह-तरह के दांव पेंच सिखाती, कैसे हमला करना, कैसे अपने को बचाना, कैसे पीछे जाकर, उछल कर शत्रु को पछाड़ना। सिंहनी खुश। बिल्ली मौसी से कहती - 'हम सब एक ही परिवार के हैं। छोटे-बड़े तो किस्मत की बात!' कभी कहती - 'तुम तो मौसी! इन शहरी लोगों को खूब जानती हो, रात दिन इनको छका कर खूब दूध मलीदा खाती हो। मेरे शिशु को ऐसा उस्ताद बना दो कि कोई भी शिकारी इसका शिकार न कर सके!'

बिल्ली भी मन लगा कर सिखाती और पूरी जानकारी का खजाना खोल कर सिंह-शिशु को तैयार करती। अब धीरे-धीरे वह शिशु बड़ा हो चला और एक दिन वह बिल्ली मौसी पर झपटा। वह ताड़ गई और उछल कर अपने बचाव के लिए पास के पेड़ पर चढ़ गई।

सिंह-शिशु - 'मौसी! तुमने सब सिखाया - पर, यह दांव तो बाकी रख लिया है।' बिल्ली - 'केवल आज के लिए ही।' राजनीति का यह खेल चलता है। पर, कृतज्ञता? यह प्रश्न मानव से पूछने का है। न कि हैवान से, पशु से, शैतान से!

राज-दंड सीधा हो

न्याय एक दंड है, यह दंड शांति है, यह दंड निर्बल का बल है। पर, कब?

जब राज दंड सीधा खड़ा रहे। कभी वह भय से कांपे नहीं, प्रेम से झुके नहीं, मोह से भींगे नहीं, आवेश से गर्म न हो। न्याय दंड को जब कभी आकाश सही रूप में देखता है; तो वह स्वर्ग को नीचे उतार देता है।

यह एक आश्रम है। भोजन की घंटी बजी है - 'टन-टन-टन'। सब आश्रम वासी रसोईघर में पहुंच गए हैं।

गांधीजी भी अपनी थाली लिए घंटी बजते ही चले, इतने में आ गए कोई सज्जन। गांधीजी को रास्ते में ढाई मिनट बातें करनी पड़ी। आश्रम का नियम है कि दो मिनट बाद रसोई घर का द्वार बंद। तेज चलते गांधीजी आ गए हैं - द्वार के बाहर की सीढ़ियों पर। द्वार के भीतर रसोई का प्रबंधक! दो मिनट खत्म। प्रबंधक ५-७ सेकंड रुके, तो गांधीजी द्वार के भीतर हों। वह यदि रुके तो नियम टूटे, न्याय दंड झुके - चाहे श्रद्धा से ही। किवाड़ बंद! किवाड़ के बंद होने की आवाज को दबाती दो अट्टहास की ध्वनियां गूंज उठीं। एक अट्टहास प्रबंधक का था और दूसरा अट्टहास था - बापू का!

जो पिंड में, वही ब्रह्माण्ड में

सामने चीनी का पहाड़ था। एक चींटी खड़ी हो गई, ठिठक कर ठहर गई, स्तब्ध हो चकित बनी! एक फक्कड़ उधर से निकला। देखा, एक चींटी गूँगी बनी, अपने कर्म से विरत हो, हक्की-बक्की है। फक्कड़ ने दयाभरी वाणी से पूछा, 'भोली चींटी! तू क्यों यहां खड़ी है?' चींटी ने दयार्द्र वाणी को सुन वेदना से कहा, महाराज! इतना बड़ा चीनी का पहाड़, मैं क्षुद्र, इसे कैसे खाऊंगी?' फक्कड़ हँसने लगा - 'पगली! तू क्यों फिक्र में है? यह पहाड़ कुछ नहीं - इसमें कुछ नहीं - तू इसका एक कण अपने मुंह में रख ले, फिर स्वाद ले, सारा पहाड़ इतना ही हैं। चीनी के पहाड़ की विशालता - इसके छोटे से दाने में समाहित है। तू एक कण मुंह में रख और अपने काम में लग।'

हमलोग भी इतने बड़े ब्रह्मांड को देखकर यों ही गूँगे की तरह खड़े जिंदगी गुजार देते हैं। संत कहते हैं - 'इतना बड़ा ब्रह्मांड कुछ नहीं, तेरे पिंड में सब छिपा है। **'ब्रह्मांडे सो पिंडे।'** सभी नौलख तारे तेरे भीतर झिलमिला रहे हैं। जरा भीतर झाँक।'

पता नहीं, यह सच्ची बात समझ में क्यों नहीं आती! धक्के खाकर समझना क्या यही नियति है?

अपराध के मूल कारण

'तुम्हें पता है जेलों में बंद अपराधी कौन हैं।'

'नहीं हुजूर!' जजों, वकीलों और पहरेदारों ने कहा।

शासक कांजफ्यूत्सी ने कहा, 'मैं बताऊं? ये बेचारे गरीब लोग हैं। अगर खुद गरीब नहीं है तो गरीबों की संतान हैं। इतना ही नहीं, इन्हें कोई ज्ञान नहीं है। ये मूर्ख हैं या मूर्ख माता-पिताओं की संतान हैं।'

'तब, हुजूर!'

'गरीबी और मूर्खता - ये दो कारण हैं, जिनके कारण आदमी अपराध करता है। देश की गरीबी दूर कर दी जाए और अज्ञान मिटा दिया जाए तो अपराधों का नाम नहीं रहेगा।'

'पर, इनका उपाय?'

'उपाय है, ज्ञान का प्रचार करना। सदाचार की शिक्षा देना। लोग जब संस्कारी होंगे तो अपराध नहीं होंगे।'

'और गरीबी कैसे मिटेगी?'

'यह मिटेगी - श्रम निष्ठा से। उद्योग धंधों से।'

'इसका उपाय?'

'इसका उपाय है - तुम सब सरकारी नौकर, सब सरकारी अफसर अच्छे बनो नेक बनो।'

पर, यह समस्या आज भी जस की तस है!

अधिकारी या नेता - सुधरे तो सब सुधरें!

सत्पुरुष की महिमा

एक दिन आनन्द स्थविर ध्यान से उठकर भगवान् के पास गए और प्रणाम करके पूछने लगे - 'भंते! सारगंध, मूलगंध और पुष्पगंध - हवा के बहाव के साथ तो जाती है, पर हवा की गति की विपरीत दिशा में नहीं जाती। क्या ऐसी भी गंध है जो हवा के बहाव की विपरीत दिशा में भी फैलती है!' भगवान ने उत्तर दिया - 'पुष्प, चंदन, तगर या चमेली में चाहे किसी की भी सुगंध हो, वह हवा के बहने की दिशा में जाती है, विपरीत दिशा में नहीं। किन्तु सज्जनों की सुगंध बहाव के विपरीत भी फैलती है। सत्पुरुष सभी दिशाओं को अपने चरित की सुरभि से महका देते हैं।'

न पुष्प गंधो पटिवातमेति न चंदन तगर मल्लिका वा।
सतंच गंधो पटिवातमेति सब्बा दिसा सप्पुरिसो पवाति॥

पुष्प, चंदन, तगर या चमेली किसी की भी सुगंध प्रतिवात हवा के विपरीत नहीं जाती है, पर सज्जनों की सुगंध उल्टी-हवा में भी जाती है। सत्पुरुष सभी दिशाओं में सर्वत्र सुगंध बहाता है।

जहाँ चाह वहाँ राह

जीवन एक अंतहीन यात्रा है। इसमें पड़ाव है, मंजिल नहीं। पर, हमें भ्रम होता है कि हम मंजिल पा गए हैं। 'बहता पानी निरमला, पड़ा गंदीला होय' यह जीवन के लिए भी परम सत्य है। गीताचार्य ने कहा -

'मनुष्य एक क्षण भी अकर्मकृत्' नहीं रह सकता तो फिर यही अच्छा है कि हम पड़े-पड़े जंग लग कर क्षीण न हों, उसकी अपेक्षा यह अच्छा है कि हम घिस-घिस कर, अपने को चंदन बनाकर, खुशबू फैलाते हुए जीएं।

पर, सवाल वहां खड़ा होता है - जब हम एक-एक कदम को सही दिशा में उठाना चाहते हों! पुराना रिवाज था - **'महाजनो येन गतः स पंथाः।'** बड़े आदमी जिधर से गए, वही हमारा मार्ग। पर, महाजन कौन? कभी-कभी अँधेरा ही अँधेरा नजर आता है तब एक काम करें - जिधर से खुशबू आ रही हो - उसी ओर चलें। खुशबू यानी किसी के शुभ कार्यों की कीर्ति - यही प्रकाश!

जिधर महसूस हो खुशबू उसी जानिब बढ़े जाओ।
अँधेरे में कभी रस्तों का अंदाजा नहीं होता।

(जानिब - ओर)

ढूँढो - रास्ता मिलेगा। जहां चाह, वहां राह। नहीं तो बनाओ नई राह।

कंकड़ो में छिपे कणों को बटोरें

आप किसी बात को मत मानिए; पर - पहले उसे जान लीजिए। जानकर नकारना आगे बढ़ने की तलाश है। पर, लगता है - बिना जाने 'सब व्यर्थ है, एब्सर्ड है', यह दृष्टि अंधता की निशानी है।

'कवि कनेको मित्सुहारु' ने नकार के इस ध्वंसकारी रूप की अवतारणा की है, जिसमें युग की दुःखान्तिका उतर आई है

निषेध ही जैसे जीवन दर्शन हो
'अपने बचपन में मुझे स्कूल से नफरत थी
और फिर मुझे अब काम से नफरत है।
सबसे अधिक स्वास्थ्य व सचाई से नफरत है।
स्वास्थ्य व सचाई से बढ़कर क्रूर
कोई मनुष्य के लिए हो नहीं सकता।
मुझसे कोई पूछे मैं क्यों पैदा हुआ
बिना हिचक के कहूंगा नकारने के लिए
नकारना ही जीवन है।'

सच है - सामने बालुका पसरी है; पर - इसमें चीनी भी मिली है। यहां हम क्या चींटीं भी नहीं बन सकते! काश हम चींटी बन, विनम्र बन - धैर्य से, अविश्रांत श्रम से, चीनी को बटोर कर ढेर लगा सकें। जीवन नकारना नहीं - जीवन संग्रह है, नीर - क्षीर विवेक है। 'कण थोड़ा, कांकर घणा' यह मान कर भी आओ चलनी की तरह कण बटोर कर अपने को समृद्ध करें!

ठगें नहीं, ठगावें भी नहीं

कभी-कभी तीन भाषाएं मिलती हैं; संत की, स्वार्थ की और नीति की। तीनों में मेल नहीं होता, तीनों में विरोध के स्वर तीव्र होते हैं। इसलिए समझ गुम हो जाती है, जन साधारण की।

संत कहते हैं -

कबीरा आप ठगाइए, और न ठगिए कोय।
आप ठगै सुख होत है, और ठगै दुःख होय॥

ये कथन - साधारण जन के लिए अव्यवहार्य हैं, जबकि संत के जीवन का यथार्थ है।

घनघोर स्वार्थ कहता है - ठगाना मूर्खता है; ठगना कौशल है। यह न चोरी है, न डाका; यह तो करामात है, चमत्कार है।

ऐसे समय नीति (जिसमें नैतिकता है) हमारा पथ प्रदर्शन करती है; ठगना किसी भी समय अनुचित है; पर ठगाया जाना मूर्खता है। यानी हमें बीचका रास्ता निकालना है- जिसमें न धूर्तता हो और न मूर्खता हो। यही व्यवहार है, यही नीति है।

हम किसी को ठगें नहीं; पर ठगावें भी नहीं। यह राजमार्ग है।

कथनी व करनी में अन्तर

'एक बार हजरत उमर ने देखा कि एक आदमी जिहाद के लिए जनता को उभार रहा है। हजरत उसकी स्थिति को भाँप गए कि यह केवल आर्थिक स्थिति के कारण ऐसा कर रहा है। अतः हजरत ने उसका हाथ पकड़ कर जनता से कहा - 'आप में क्या कोई आदमी इसको नौकरी दे सकता है?

एक व्यक्ति के स्वीकृति देने पर उसे उसके हवाले कर दिया।

थोड़े दिनों बाद उसे बुलाया तो मालूम हुआ कि उसकी स्थिति अच्छी है। तब उमर ने कहा - 'अब तुम चाहे जेहाद करो, इंसानों की खिदमत करो या अपने बच्चों की परवरिश करो। अब तुम अपने फैसले ठीक तरह से कर सकोगे।'

उसने रोजगार में लगे रहना ही पसंद किया। हम बातें इंकिलाब की करते हैं, खूंटा उखाड़ना चाहते हैं, खंभा तोड़ना। पर, हमारी आँखें है - सुविधा पर। अतः मंत्री बनेंगे, पंच बनेंगे, नेता बनेंगे, पूँजीवादी व्यवस्था से लाभ उठाकर सामंती ऐशो आराम भोगेंगे, पर हमारे शब्द होंगे - क्रांति करो -

"कथनी मीठी खांड सी
करनी विष की लोय।"

स्वार्थ प्रबल पर निःस्वार्थता भी जिन्दा

सभी स्वार्थी हैं, मतलबी हैं, गरज के समय 'भाई, वीरा' बनाते हैं और जब गरज निकल जाती है तो बात भी नहीं पूछते। **'सुर नर मुनि सब कै यह रीती, स्वारथ लागि करहिं सब प्रीती।।'** यह जीवन का नग्न सत्य है, पर पूर्ण सत्य नहीं।

एक गूजरी थी। उसका काम अटक गया है। वह एक आदमी को न्यौतने जाती,बुलाकर खीर खिलाती। खूब आवभगत करती। वह आदमी उसकी इस भल मनसाहत से बड़ा खुश था। मौका पाकर गूजरी ने उससे अपना काम निकलवाया।

कितने ही दिन बीत गए। देखा, गूजरी आई नहीं। एक दिन वह गया - गूजरी के पास। उसको आश्चर्य हुआ। वह यों मिली जैसे जान पहचान नहीं। गर्मी के दिन थे, उसने दूध, दही, खीर की बात नहीं कही। छाछ मांगी, पर वह तो साफ इंकार कर गई, 'नट' गई।

इस स्थिति को देखकर एक अनुभवी कवि ने यह कहा -

गरज दीवानी गूजरी, नूंत जिमावे खीर।
गरज मिटी गूजरी नटी, छाछ नहीं रे बीर॥

पर, यह धरती है - जहां ऐसे भी लोग हैं, चाहे कम हैं, जो निःस्वार्थ भाव से जीवन जीते हैं। इन्हें चाहे आप संत कहें, ओलिया फकीर कहें या सिद्ध महात्मा। यह धरती इन्हीं खंभों पर खड़ी है, नहीं तों कभी की मिट जाती।

अँधेरे में चमकने वाली ये किरणें - भावी मंगल की संदेश वाहिकाएँ हैं।

'क्योंकि मैं बच्चे को सुला रही हूँ'

नार्वे की सुप्रसिद्ध लेखिका श्रीमती सिग्रिड अनसेट को नोबेल-पुरस्कार प्रदान किया गया। जिस समय उन्हें यह पुरस्कार दिए जाने की घोषणा की गई, उनसे भेंट करने बहुत से पत्रकार उनके निवास पर पहुँचे।

वह अपने घर के अंदर से निकली और विनम्रता से बोली - 'इस समय रात्रि में यहां आप लोगों के आने का कारण मैं समझ सकती हूं, क्योंकि अभी-अभी तार से मुझे नोबेल-पुरस्कार दिए जाने की सूचना मिली है, पर खेद है मैं आप लोगों से बातचीत नहीं कर सकती।'

'क्यों भला?' एक साथ कई स्वर उभरे।

'क्योंकि मैं अपने बच्चे को सुला रही हूं। यह उसके सोने का समय है। पुरस्कार पाने की खुशी तो मुझे भी है, पर उससे भी अधिक खुशी मुझे बच्चे के साथ रहने और चर्चा करने में मिलती है।'

हम भारतीय, बच्चे को 'बाल गोपाल' कहते हैं, पर उसके प्रति हमारा दायित्व कितना कम है। एक वर्ग है - जिनके बच्चे उनसे दूर पलते हैं, दूसरा विशाल वर्ग है जो आजीविका के चक्कर में चाह कर भी समय नहीं दे पाता। और स्कूल? जहां बच्चे पुस्तकों के भार से दबे सुप्रबंध के अभाव में या तो प्रायः होते हैं - बूढ़े, असामाजिक या विद्रोही?

मनुष्यता हो, तभी हम मनुष्य

प्रश्न है - आदमी कब शुरू होता है, कहां से शुरू होता है। आदमी पैदा होता है, खाता है, पीता है, मौज शौक करता है, रोता है, हँसता और मर जाता है। फिर पशु और आदमी का अंतर कहां है? नीतिकारों ने कहा - आहार, निद्रा, भय आदि पाशव प्रवृत्तियां है, इन्हीं में रहने का अर्थ है - एक पशु पैदा हुआ और पशु मर गया है। कहते हैं - मनुष्यों की संख्या बढ़ रही है, पर मनुष्य कितने कम हैं। संख्या बढ़ रही है - गिरोहों की, दलों की, झुंडों की।

आदमी पंडित बनता है, धनवान बनता है, वैज्ञानिक बनता है, इंजीनियर, डाक्टर या नेता बनता है, पर, जब तक आदमी 'आदमी' नहीं बनता - तब तक बना बनाया व्यर्थ। आदमी वहां से शुरू होता है - जब वह अपने को भूलकर दूसरे को आत्मवत् समझे। जब आदमी में करुणा का प्रारंभ हुआ - उस दिन आदमी पैदा हुआ - यह आदमी का दूसरा जन्म है - यही द्विजत्व है। जब हम रुक कर - पीछे आने वालों के लिये रास्ता छोड़कर कहें - पहले 'आप'। तब आदमी की भाषा प्रारंभ हुई। गिरते हुए को उठाना, निराश को आशा का संदेश देना, भूले भटके को राह दिखाना - इसी का नाम है, मनुष्य यानी मनुष्यता। आदमी चाहे सब कुछ बने, पर, 'आदमी' बना रहे - इसी में सारी समस्याओं का समाधान है। फिर किसी शायर को यह न कहना पड़े कि 'हमें आदमी तो मिलता है, इंसान नहीं।'

जो सहयोग दे, वही पड़ोसी

'मेरा पड़ोसी कौन है?

यीशु ने इसका उत्तर दिया -

एक मनुष्य यरूसलेम से यरीखो जा रहा था कि डाकुओं ने उसे घेर उसके कपड़े उतार लिए और मारपीट कर उसे अधमरा कर दिया।

उसी मार्ग से एक पादरी जा रहा था। उसे देखकर वह कतरा कर चला गया। इसी रीति से पादरी का सहायक उसी जगह पर आया, पर वह भी अनज़ान सा बन चल दिया।

एक यात्री आया। उसे दया आई। वह घायल को देखकर रुक गया। उसने घावों पर द्राक्षा रस डालकर पट्टियां बांधी और अपनी सवारी पर चढ़ाकर सराय ले गया। उसकी सेवा-टहल की।

दूसरे दिन यात्री ने भठियारे को दो पेंस दिए और कहा - 'इसकी टहल-चाकरी करना, खिलाना-पिलाना, तेरा और लगेगा, वह मैं लौटने पर तुझे भर दूँगा।'

अब यीशु ने पूछा - उस-घायल का इन तीनों में पड़ोसी कौन है?

पूछने वाले ने उत्तर दिया - वह तीसरा आदमी, जिसने घायल की टहल-चाकरी की।'

यीशु ने कहा - 'जा, तू भी ऐसा पड़ोसी बन, चाहे तुम्हें वैसा पड़ोसी न मिले!"

जो सहयोग दे, दुःख-दर्द में शामिल हो - वही सच्चा पड़ोसी है। चाहे कोई हो, कैसा ही हो या कहीं रहता हो!

मन है कंचन

हमारा मन सचमुच स्वर्ण सा है। यह चंचल, चोर और खोटा नहीं है। सोने में खोट हो सकती है, खाद हो सकती है-पर है तो यह सोना ही।

शुद्ध पीतल से तो लाख दर्जे मूल्यवान्। पर, करना इतना ही है कि इसे पिघलाएं - अपनी पीड़ा से नहीं। दूसरों की पीड़ा की आग से। जरा पिघला कर देखें तो सही - जरा तपा कर, पिघलाएं। यह कोमल बनेगा, निष्कलुष बनेगा, उजला बनेगा, इसकी चमक दमक देखते ही बनेगी।

कविवर पंत ने ऐसे मन की इस मधुरता को प्यार से दुलराया है। कवि न इसे फटकारता है और न इसे दुरदुराता है - आखिर कवि है न! कोरा अक्खड़ फक्कड़ होता तो डाँटता फटकारता।

मन को जरा प्यार से सँमालें, समझाएं। कवि का यह निहोरा मन की शक्तियों को जगाने वाला है।

तप रे मधुर-मधुर मन
विश्व-वेदना में तप प्रतिपल,
जग जीवन की ज्वाला में गल,
बन अकलुष, उज्ज्वल औ' कोमल
तप रे विधुर विधुर मन!

मन मणि है। सूर्यकांत मणि, चंद्रकांत मणि! यही कल्पतरू सा हमारे लिए मुक्तिदाता भी है। यदा कदा मन की असीम महिमा व गरिमा को भी जगा कर देखें!

सतत जागरूकता ही जीवन

गोरखनाथ ने कहा -

'यह दुनिया कुबुद्धि का खेत।
जब तक जीवे, तब तक चेत॥'

जीवन में बराबर सावधानी चाहिए। जरा सी चूक हुई कि सभी गुड़गोबर। पर, जिनके पास खूब धन हो, जवानी हो, कुसंग हो, पद हो और हो अविचार - फिर सब लाइलाज।

यौवनं धनसम्पत्तिः प्रभुत्वमविवेकता।
एकैकमप्यनर्थाय किमु यत्र चतुष्टयम्॥

युवावस्था, धन, प्रभुत्व और विचारहीनता - इनमें से प्रत्येक अनर्थ का कारण है; फिर जहां चारों हों, वहां तो पूछना ही या?

तुलसीदास जी ने कहा है-

ग्रह ग्रहीत पुनि बात बस, तेहि पुनि बिच्छिमार।
ताहि पियावहु बारुणी, कहौ कौन उपचार?

पहले तो ग्रह लगे हों, सन्निपात की बीमारी हो, फिर बिच्छू डंक लग जावे, ऊपर से पिला दे शराब! बताओ - है कोई इलाज?

इसका मतलब है कि जीवन में सतत जागरूक रहना है। खास तौर से युवावस्था में। घर के संस्कार, सुशिक्षा, सत्संग मिले तो बचे - नहीं तो

भरी जवानी पैस्यो पल्लै
राम चलावै तो सीधो चल्लै

जवानी हो, पास में धन हो - भगवान् की कृपा हो तो लोग सीधे चलते हैं, नहीं तो उल्टे-ही-उल्टे चलते हैं।

वाणी के तप

संतों के वचन सभी के काम के हैं। इन्होंने यदा-कदा वाणी के लिए भी बातें लिखी हैं - जो हरेक साहित्य सर्जक के ध्यान में रखने की हैं।

गीताकार ने वाङ्मय (यानी वाणी या साहित्य) के तप के विषय में कहा है - वाक्य ऐसा हो, जो किसी के मन में उद्वेग पैदा न करे। उसमें सत्य हो, प्रियता हो और हित करने की भावना हो। यानी साहित्य सत्य पर खड़ा हो; पर - सत्य में मिठास हो यानी वह सुन्दरम् हो और साथ ही हितकारी यानी शिवम् को लिए हो। '**सत्यं प्रिय हितं च यत्।**'

गोस्वामीजी का मानना है कि भनिति (रचना, कविता) सुर सरिता की तरह हो - स्वच्छ, स्वच्छंद व लोक मंगलकारी।

कीरति भनिति भूति भलि सोई।
सुरसरि सम सब कहँ हित होई॥

ज्ञानदेव ने ये वाणी के दोष गिनाए हैं - 'दूसरों का जी जलाना, जली कटी या तीखी बातें कहना, मखौल उड़ाना, छल को काम में लाना, मर्मभेद करने वाली बातें, आड़ी टेढ़ी सुनाना, कठोरता, पेचीदगी, संदिग्धता, प्रतारणा (कपट)।'

संत विनोबा का कहना है कि हमारे साहित्यकार (प्रायः) उन्हीं अवगुणों को 'वाग्भूषा' या साहित्य की सजावट मानते हैं।

स्वामी रामदासजी का कहना है - 'ओछी तबीयत वालों को विनोद भाता है।'

प्रेमचंद जी कहा करते 'दिल बहलाव करना भांड़ों या मसखरों का काम है। मनोरंजन नहीं - मनस्तृप्ति करना साहित्यकार का काम है।

कलम पकड़ने के पहले ये दायित्व हमें पुकारते हैं। कलम के धनी इसे सुनते भी हैं।

द्वार खटखटाओ - द्वार खुलेगा

सवाल है - नेता का, पथ दर्शक का। वह मिलता नहीं। उपनिषद् का यह कथन कभी-कभी प्रत्यक्ष होता है-

'अन्धेनैव नीयमाना यथांधाः।'

- जैसे अंधे बने नेता के द्वारा अंधों की भीड़ हो।

भेड़िया धसान का डरावना दृश्य नजर आता है। महाकवि 'प्रसाद' ने महाकाव्य कामायनी में इसी सत्य को उजागर करते हुए कहा है-

'अंधों की यह दौड़ लग रही
मतवाला सारा समाज है।'

कोई समझाने वाला मिले भी तो उसे हम पहचानते नहीं। वह निराश हो इतना ही गाता है-

'या जग अंधा मैं काहै समझाऊं!
इक दुई होई उन्हें समझाऊं
सब हि भुलाना पेट के धंधा
या जग अंधा।'
इधर से आंधा आवता,
उधर से आंधा जाय।
आंधा नै आंधा मिल्या
मारग कूण बताय।

ऐसी स्थिति में एक ही उपाय है - अपने भीतर के देवता को पुकारना! अपने भीतर तलाश करना - किसी प्रकाश की तलाश।

द्वार खटखटाओ, द्वार खुलेगा।

तलाश करो, मिलेगा।

रोम रोम में प्यास जगाओ, कुआं दौड़ा आवेगा।

महिमा है - अभ्यास की

अर्जुन ने पूछा - 'मधुसूदन। यह मन चंचल है, मथने वाला है, बलवान है, जिद्दी है, इसको वश में करना इतना कठिन, इतना कठिन-जैसे हवा को काबू में करना।'

भगवान् - 'अभ्यास कर, अभ्यास से मन वश में होगा।'

छात्र ने कहा - 'गुरुदेव! पाठ याद नहीं होता।' गुरु - 'अभ्यास कर।'

चेले ने कहा - 'भजन में मन नहीं लगता।' सद्‌गुरु - 'अभ्यास कर।'

यानी जीवन के सभी क्षेत्रों में अभ्यास की अनंत महिमा है। हम ऊब जाते हैं, बोरियत अनुभव करते हैं, मन उचट जाता है और जीवन का मार्ग बदल लेते हैं। बदलते बदलते जीवन बर्बाद कर देते हैं।

महर्षि पतंजलि ने अभ्यास की महिमा बताते हुए उसे परिभाषित किया है-

'अभ्यास-दीर्घकाल हो; निरंतर हो, सत्कार पूर्वक हो, मजबूती से हो-तब समझो, हम अभ्यास पथ के पथिक हैं।'

'रामचरित मानस" में भगवान् राम इस सत्य को प्रकट करते हुए कह रहे हैं -

'सास्त्र सुचिंतित पुनि-पुनि देखिअ।'

शास्त्र चाहे भली भांति चिंतन किया हुआ हो, यदि उसे बार-बार देखा नहीं जाएगा तो वह समझो 'हमारे वश में नहीं।' इसीलिए चाणक्य ने चेताया - 'अनभ्यासे विषं विद्या' यदि अभ्यास - 'प्रेक्टिस, रिविजन', नहीं करोगे तो विद्या जहर हो जाएगी।

करत करत अभ्यास के, जड़ मति होत सुजान।
रसरी, आवत जात तें, सिल पर परत निसान।

कीर्ति की कब्र भी

जीवन में सफलता पाने का एक सस्ता नुस्खा है- सबको राजी रखना, सब की तारीफ करना - 'रामाय स्वस्ति रावणाय स्वस्ति' - राम का कल्याण हो, रावण का भी कल्याण हो।' ऐसे अवसरवादी लोग बहुत जल्दी सांसारिक दृष्टि से पद, धन, सत्ता, सम्मान तरह-तरह के फरेब से हथिया लेते हैं - पर, इन बाह्य सफलता के सौध बनने के साथ-साथ उनकी कीर्ति की कब्र भी बनती रहती है। दोनों काम साथ-साथ होते रहते हैं।

एक आदमी ने देखा, चार सामने हैं-चारों विरोधी, चारों अलग-अलग, चारों के मिजाज अलग, तौर अलग - तरीके अलग। सामने थे - पांडिया, मियां, चौधरी और बाबा। पर, वह था पक्का, आधुनिक सफलता की कुंजी जानने वाला, उसने कहा -

पाये लागूं पांडिया, सलाम मियांजी।
राम राम चौधरी, आदेश बाबाजी।

इतिहास साक्षी है - ऐसी झूठी सफलता एक बार चाहे बवंडर की तरह आती हो, पर अचिरात् ही बुलबुले की तरह फूट कर बिखर जाती है।

हम्मीर का हठ

ये हठ प्रसिद्ध हैं - बाल हठ, तिरिया हठ, जोगी हठ और राज हठ। इनमे योगियों का हठ अब प्रभाव खो चुका है, राजा भी गद्दी से उतर गए - अतः राज हठ भी गया, तिरिया हठ भी अब अपनी खूबी खो चुका है। पर, हां - बाल हठ सदा रहने वाला है।

पर, इतिहास में हठीले राजा हम्मीर का हठ गौरव के साथ अंकित है। हम्मीर रणथंभौर के चौहान नरेश थे, उनकी शरण में दिल्ली के बादशाह अलाउद्दीन से डरा हुआ मुहम्मद शाह आया था। क्षत्रिय नरेश ने उसे शरण दे दी। हम्मीर ने अलाउद्दीन सुलतान से डट कर लोहा लिया और प्राण देकर अपने प्रण का निर्वाह किया। इसीलिए 'हम्मीर का हठ' हमारी स्मृति पटल पर गौरव के साथ अंकित है।

यह दोहा कहावत की तरह सुविख्यात है -

सिंह गमन, सत् पुरुष वचन, कदली फलै इक बार।
तिरिया तेल, हम्मीर हठ, चढ़े न दूजी बार॥

सिंह का मिलन, महापुरुषों का वचन और केला एक बार ही फल देता है। नववधू का तेल और हम्मीर का हठ एक बार ही चढ़ता हैं।

प्रश्न नैतिकता का

एक बार गांधीजी दिल्ली से वर्धा जा रहे थे। राजकुमारी अमृत कौर उनके साथ थीं। गांधीजी ने उनसे कहा कि संध्या का भोजन वह गाड़ी में करेंगे।

गर्म दूध और गर्म पानी साथ ले जाना आवश्यक था। लेकिन थरमस एक था। किसी तरह घनश्याम दास बिड़ला को मालूम हो गया तो उन्होंने नया खरीदा हुआ थरमस दे दिया।

भोजन करते समय गांधीजी ने इसे लक्ष्य किया। गांधीजी - 'तुमने यह नया थरमस खरीदा है?' राजकुमारी ने उत्तर दिया -'बिड़लाजी ने दिया है।' यह सुनकर गांधीजी ने दुखी होकर कहा - 'तुम इतनी गरीब हो, जो दूसरों का पैसा खर्च करवाती हो। मान लिया, उनके पास बहुत पैसा है। वह तो धरोहर जनता की है। उसमें से एक भी कौड़ी गैर जरूरी चीज में खर्च न हो।' गांधीजी इतना कह कर चुप रहने वाले नहीं थे।

महादेव भाई वापस दिल्ली लौटने वाले थे। उन्हीं के हाथ वह नया थरमस बिड़लाजी को लौटा दिया।

प्रश्न - थरमस का नहीं; मूलभूत नैतिकता का है। एक थरमस पर विश्व वरेण्य विभूति का इस प्रकार अधीर हो जाना - क्या हमें प्रश्न चिह्नों से घेर नहीं रहा है!

दीपक जलाना कब मना है

सिंह की एक विशेषता है। वह जब कूदता है और सामने देखता है - खतरा है, कुआं है, विनाश है तो वह बीच में ही पीछे लौट सकता है, दाएं-बाएं छलांग लगा सकता है और अपनी कूद के बीच में नई कूद की शक्ति लेकर खतरे के परे सुरक्षित स्थान में जा सकता है। पर, जो मूर्ख हैं, गधे हैं, नासमझ हैं - वे जब कदम उठाते हैं और देखते हैं सामने कुआं है तो भी बचने का संकल्प नहीं करते, पतन को अनिवार्य मानकर उसमें गिरने को नियति समझ कर बेबसी की जिंदगी बसर करते हैं।

माना - है अंधेरी रात, पर
दीपक जलाना कब मना है।

- कविवर बच्चन

अंधेरा है। यह कोई विशेष कारण नहीं, चांद-सितारे नहीं, जुगनू भी नहीं तो भी निराशा क्यों? दीपक को जलाकर, हाथ मे लैंप लेकर हम अपने लिए प्रकाश ही प्रकाश कर सकते हैं।

प्यास है, पर पानी भी हमें पुकारता है। सूरज जल रहा है, पर हरे-हरे पेड़ों की घनी छाया हमें नेह भरा निमंत्रण भी दे रही है -

प्यारे थके हारे पथिक,
जरा छाया में आओ;
विश्राम कर, थकान मिटाओ
और फिर यात्रा, फिर यात्रा!

चतुर नर की बातें भी निराली

ईरान के बादशाह की कचहरी में रोम के बादशाह का वजीर बैठा था। ईरान के बादशाह ने पूछा - 'तुम्हारे बादशाह के पास कितना खजाना है और मुल्क कैसा आबाद है?' फिर पूछा - 'फौज कितनी हैं?'

वजीर - 'प्रजा सुखी है।'

फिर पूछा - 'तुम्हारे बादशाह बड़े हैं या हम?'

जवाब दिया - 'आप पूनम के चांद हैं। वह दूज का चांद है - उसकी तरह छोटा।'

रोम के लिए वजीर बिदा हुआ। ईरान के बादशाह ने लिखा - 'तुम्हारे वजीर से जो सवाल हमने किए, उनका उत्तर वह ठीक दे नहीं पाया। वह अक्लमंद नहीं है।

उन उत्तरों को जान कर रोम के बादशाह ने वजीर को इनाम दिया और ईरान के बादशाह को लिख भेजा।

हमारा वजीर अक्लमंद है। मुल्क का आबाद रहना बादशाहों का सच्चा खजाना है। अगर मुल्क आबाद न हो तो खजाना कहां से आएगा? और सुखी प्रजा ही बादशाह की फौज है। अगर प्रजा दुःखी होगी तो दुश्मन से मिलकर राज्य को चौपट कर देगी।

आप पूर्णिमा के चांद हैं - यानी आप घटते ही रहेंगे और मुझे उसने दूज का चांद बता कर यह बतलाया कि हमारी तरक्की पर तरक्की है।'

दूज का चांद वंदनीय है। ये सभी उत्तर बुद्धिमानी के हैं। अब ईरान के बादशाह समझ पाए कि रोम का वजीर उत्तर देने में कितना कुशल है। चतुर नर की बातें तो और अर्थ रखती हैं। उसे समझे कोई बिरला ही।

यशः शरीरे भव मे दयालुः

यदा कदा ही सही - धरती पर जब चांद की चांदनी से भी शीतल स्वभाव वाले, सूरज से अधिक तेजस्वी एवं फूलों की खुशबू से अधिक चारित्रिक सुगंधवाले लोग मिलते रहते हैं तो विश्वास होता है कि स्वर्ग यहीं कहीं है। 'स्वर्ग तुम्हारे दिलों में है।' संतों के ऐसे वचन सार्थक हैं।

धनि सोई जग कीरति जासू।
फूल झरै पै मरै न बासू॥

- जायसी।

धन्य हैं, वे लोग जिनकी कीर्ति कौमुदी छिटकी रहती है। फूल झर जाता है, पर उसकी सुगंध अमर है।

सूर्यवंशी दिलीप जब नंदिनी गाय के लिए प्राण देने को तैयार है तो शिव का सेवक सिंह रूप से समझा रहा है कि अरे! नासमझ, थोड़ी-सी चीज के लिए प्राणों को खोने वाला तू सचमुच 'मूढ़ प्रतिभासि ये त्वम्।' तू मुझे मूर्ख नजर आता है। इस पर सम्राट दिलीप ने जो उत्तर दिया, वह महापुरुषोचित नित्य वाणी है -

'तू मेरे क्षण भंगुर शरीर पर दया न कर-
यशः शरीरे भव ये दयालुः।'

मेरे यश शरीर पर ही कृपा कर। ऐसे ही अमृत वाक्य धरती को रत्नगर्भा वसुंधरा बनाते हैं।

सागर में डुबकी लगाइये

जीवन में पाना है तो डुबकी मारना पड़ेगा। बिना गोताखोर बने, डुबकी मारे बिना कुछ हाथ लगता नहीं। डुबकी मारी जाती है, सागर में डूबने के लिए नहीं। उसके तल से मोती पाने के लिए। जो मर जीवा है, गोतास्वर है, वही जीवन सागर में डूबकर मुक्ति-मुक्ता प्राप्त करता है।

सागर विशाल है, गहरा है, उससे डरते हैं, क्योंकि हमें सुरक्षा चाहिए, थोड़ी-सी ऊंची दीवारें, बंद झरोखे,- ऐसी ही घुटन में हम सुरक्षा का अनुभव करते हैं।

तभी तो हम कुएं में डुबकी लगाते हैं - लगाइए। वहां के तल का पता है - डूब मरने का खतरा नहीं - पर, वहां मिलेगा क्या? टूटी बाल्टियां, सड़े हुए रस्से, फूटे लोटे, कचरा व कंकड़।

प्रायः हम किनारे पर खड़े तमाशा देखते हैं - जो तमाशा देखते हैं, वे जीवन की वास्तविकता से, असलियत से वंचित रह जाते हैं। जीवन सागर है - इसमें डूबने वाला ही पार होता है।

महरूमे हकीकत है साहिल के तमाशाई।
हम डूबके समझे हैं, दरियाओं की गहराई॥

जो किनारे पर खड़ा रहा - वह डूबा। जो डूबा, वही पार हुआ। जीवन का यही उल्टा गणित है।

(महरूमे = वंचित। साहिल = किनारा)

लक्ष्य ही हमें बाँधता है

एक महान् कार्य था। संपन्न करने के लिए बुद्धिमान लोग एकत्र हुए। यह प्रस्ताव रखा गया कि पहले हम शपथ खाएं, हमेशा मिल कर रहेंगे, एकजुट रहेंगे। एक ने कहा - 'नमक के डले मंगाओं और बर्तन में डाल कर कहें, यदि हमलोग एक दूसरे को धोखा देंगे तो नमक की तरह गल जाएं।' किसी ने कहा - 'अग्नि को साक्षी बना कर प्रतिज्ञा करें कि जब तक कार्य संपन्न नहीं होगा - हम बराबर लगे रहेंगे। तन-मन-धन सब उद्देश्य पूर्ति के लिए समर्पित हैं।'

एक व्यक्ति सुनता रहा और कहने लगा - मैंने सौगंध के नाटक देखे हैं। शपथ, प्रतिज्ञा और यह दिव्य साक्षी भी देखता आया हूं। आओ, हम इन को बंद करें। हमको यदि हमारा लक्ष्य एकत्र नहीं रख सकता तो ये शपथ स्वार्थों से प्रबल नहीं। संधि पत्रों की स्याही सूख ही नहीं पाती कि उसके टुकड़े -टुकड़े कर दिए जाते हैं। हमें संघबद्ध रख सकता है - केवल हमारा लक्ष्य - उसको ओझल न होने दें। पथ अनेक हों, पाथेय भिन्न हों - पर, हमारा गंतव्य एक हो। एक तीर्थ - जहां सभी दिशाओं से जन मेदिनी उमड़ कर आती है।

राजकोष पर मेरा अधिकार नहीं

गुलाम वंशीय नसिरुद्दीन बादशाह ने आजीवन राज-कोष से एक भी पैसा न लेकर अपनी हस्त लिखित पुस्तकों से जीवन निर्वाह किया। घरेलू कार्यों के अलावा रसोई भी स्वयं बेगम को बनानी पड़ती थी। एक बार रसोई करते समय बेगम का हाथ जल गया तो उसने बादशाह से कुछ दिन के लिए रसोई बनाने के लिए नौकरानी रख देने की प्रार्थना की। बादशाह ने यह कहकर प्रार्थना अस्वीकार कर दी -

'राज कोष पर मेरा अधिकार नहीं है, वह तो प्रजा की ओर से मेरे पास धरोहर है और धरोहर में से अपने कार्यों पर खर्च करना अमानत में खयानत है। बादशाह तो क्या प्रत्येक व्यक्ति को स्वावलंबी होना चाहिए। यदि बादशाह स्वावलंबी न होगा तो उसकी प्रजा अकर्मण्य हो जाएगी। अतः मैं राजकोष से एक पैसा भी नहीं ले सकता और मेरे हाथ की कमाई सीमित है। अब तुम्ही बताओ, नौकरानी कैसे रखी जा सकती है!'

चाहे यह कथन आज के संदर्भ में उपहासास्पद लगे या लगे किसी विक्षिप्त का प्रलाप मात्र -पर, यदि हमें स्वराज्य को 'सुराज्य' बनाना है तो चलना तो इसी पथ से होगा, केवल इसी एक मात्र पथ से।

विकास के मूल में - देश-प्रेम

एक जापानी जहाज में भारतवासी लड़के भी सवार थे। जहाज में इस दर्जे के यात्रियों को जो खाने को मिला, वह किसी कारण विशेष से उन्होंने नहीं लिया। एक निर्धन जापानी लड़के ने देखा कि ये भारतवासी भूखे हैं। वह सबके लिए दूध और फल आदि खरीद कर लाया और उनके सामने रख दिया। भारतवासियों ने पहले तो अपने स्वभाव के अनुसार उसे अस्वीकार किया और पीछे खा लिया।

जब जहाज से उतरने लगे, तो धन्यवाद के साथ वे उन वस्तुओं का मूल्य देने लगे। जापानी ने नहीं लिया और यों प्रार्थना करने लगा - 'जब भारतवर्ष में जाओगे तो कहीं यह ख्याल न फैला देना कि जापानी लोग ऐसे नालायक हैं कि उनके जहाजों पर छोटे दर्जे के यात्रियों के लिए खाने पीने का यथोचित प्रबंध नहीं है।'

यह है तो निर्धन यात्री लड़का, जिसका जहाज से कोई संबंध नहीं है, वह अपने द्रव्य का इसलिए अर्पण करता है कि उसके देश से संबंध रखने वाली किसी भी चीज की बदनामी न हो। देश के प्रति ऐसी प्रगाढ़ निजता की अनुभूति जापान के गौरव के मूल में निहित है।

ऐसा देश प्रेम प्रशंस्य है और उससे अधिक अनुकरणीय।

एक बहादुर इंसान

एक बादशाह था, उसे किसी मंत्री ने अपने यहां भोज पर बुलाया। बादशाह शराब पीकर पागल-सा हो गया और झूमता हुआ रनिवास की ओर चल पड़ा। द्वार पर द्वाररक्षक खड़ा था, उसने बादशाह को पहचान लिया।

बादशाह - दूर हट, मुझे अंदर जाने दे।'

द्वाररक्षक - 'जहांपनाह! आप पर मैं हथियार उठा नहीं सकता, पर मेरी लाश पर पैर रख कर ही आप अंदर जा सकेंगे। और अंदर? आप की जान खतरे में है, यहां की वीर नारियां जब पर पुरुष को देखेंगी तो हथियार उठाकर आपको मार डालेंगी।'

बादशाह ने जब अपनी मौत का नाम सुना तो नशा काफूर हो गया। वह उल्टे पांव लौट आया।

मंत्री यह जानकर बहुत घबराया और उसने दूसरे दिन बादशाह के पास जाकर माफी मांगते हुए कहा, 'गरीब परवर! मैंने अपने द्वार रक्षक को आपके साथ की गई बेअदबी के कारण हटा दिया है। आप मेरा गुनाह माफ करें।'

बादशाह - 'अच्छा किया, तुमने उसे हटा दिया। मुझे ऐसे ही किसी पुख्ता इंसान और बहादुर की तलाश थी, उसे मेरे यहां भेज देना।

तब लगता है - कभी कभी 'गुणग्राहक' चाहे कितने ही कम हों, पर वे गुम नहीं हैं।

'गुन ना हिरानो, गुनगाहक हिरानो है।' यह कथन यदा-कदा झूठा होता रहता है, यही इतिहास को आश्वासन है।

अपनी उपमा लगावें

मानवीय मूल्य क्या हैं? यह एक प्रश्न खड़ा है। इसका उत्तर तलाशने के लिए हमें कहीं जाने की आवश्यकता नहीं है। सारी नैतिकता, सारा आचार शास्त्र और संपूर्ण व्यवहार की विधि - हमारे अंतःकरण में है। हम अपने से पूछें, अपने प्रति दूसरों से कैसा व्यवहार चाहते हैं, वैसा व्यवहार दूसरों के प्रति करना प्रारंभ कर दें - यही संपूर्ण शास्त्रों का निष्कर्ष है।

आत्मन: प्रतिकूलानि
परषां न समाचरेत।

अपने को जो बुरा लगे, वैसा व्यवहार दूसरों के प्रति मत करो।

हम चाहते हैं, हमारा सब जगह सम्मान हो, यानी हम सब का सम्मान करना प्रारंभ कर दें। हम चाहते हैं, सभी चाहते हैं - कोई उनको कटुवचन न कहे, कोई उनके प्रति दुर्व्यवहार न करें - इसका अर्थ है हम दूसरों के प्रति कटुवचन न बोलें और दूसरों के प्रति सदव्यवहार करें।

पर, झगड़ा तभी खड़ा होता है, जब हमारे लेने के बटखरे अलग और देने के अलग। 'पर उपदेस कुसल बहुतेरे' - के कारण उलझनें हैं। गीता का एक प्यारा शब्द है - आत्मौपम्यभाव - यानी सुख-दुःख में अपनी उपमा लगाकर, दूसरे के प्रति चिंतन। यही अद्वैत सिद्धि है।

'मैं' और 'मेरा' बाधक

भगवती यशोदा शिशु कृष्ण को बांध रही है। कृष्ण शिशु हैं, चंचल, नटखट, यानी विश्व के शिशुत्व के शाश्वत प्रतीक! माता यशोदा ने रस्सी से बांधा, पर, यह क्या! दो अंगुल की कमी रह गई, फिर, घर भर की सभी रस्सियां जोड़ी गईं, फिर भी, आश्चर्य वही दो अंगुल की कमी! माता जब हार गई, थक गई तो कृष्ण मुस्कराए और बंध गए। तभी से उनका दामोदर नाम हो गया, दाम यानी रस्सी, उदर-पेट जिनका पेट रस्सी से बांधा गया हो!

आज भी हम शिशु को कहां बांध पाते हैं - वही दो अंगुल का अंतर। जहां तक हमारा शिशु मनोविज्ञान, हमारी परंपरा, हमारी रूढ़ियां जाती हैं - बच्चा उससे आगे दीखता है। वही दो अंगुल का अंतर ये दो अंगुल हैं - मैं और मेरा! बड़ों का अहंकार शिशु को बौना बनाता है और मेरेपन का मोह -उसे संकीर्ण, स्वार्थी और अहं केंद्रित बनाता है। जैसे ही यह 'मैं' गया, 'मेरा' गया - शिशु विराट् बन गया। वह विश्व का हो गया, स्वतंत्र, मुक्त - फिर वह गुरुजनों का अपना हो जाता है।

जब भी हम आगे बढ़ते हैं, लक्ष्य वेध के करीब होते हैं - ये दो अंगुल वहां भी हमें सिद्धि से वंचित करते हैं। कभी 'मैं' हमें मारता है और कभी 'मेरा' भटकाता है। गीता ने कहा - 'निर्ममों निरहंकारः' यही सिद्धि का सिद्ध मंत्र है।

वर्तमान - यही सत्य है

गुरु अपने शिष्य के साथ प्रभात में घूम रहे थे। मार्ग में कहीं कांटे थे, कंकड़ थे - इनकी परवाह न करते स्वच्छंद विचर रहे थे। अचानक शिष्य ने पूछा, 'गुरुदेव! मुझे रात भर नींद नहीं आई। मैं चिंता में पड़ गया कि जब सब जीवन-मरण से मुक्त हो जाएंगे, तो सृष्टि का क्या होगा?'

गुरुदेव गंभीर हो गए, कहने लगे - 'तुम्हारा प्रश्न भविष्य का है। जानना चाहिए तुम्हें - भविष्य अनादि, अनंत, अक्षय है। वह रहस्यपूर्ण है। सृष्टि भी अनादि अनंत है। तुम्हारी यह धरती, यहां के ये जीव-नगण्य हैं - ब्रह्मांड में। एक दिन ऐसा आएगा, इस संभावना में भ्रम है, अज्ञान है। तुम वर्तमान को देखो, जो मनोवेग सा दौड़ता आ रहा है - उसी को पकड़ो। यही सत्य है। वर्तमान को भूलकर भविष्य की चिंता में रहना - मूर्खता है।' चेला चकरा गया।

गुरुदेव ने आगे बात को बढ़ा कर समझाया - 'देख- काल है तो एक, पर इसे तीन टुकड़ों में समझ। भूत, चला गया - वह तेरे लिए दो रूपों में जिंदा है - एक प्रेरणा के रूप में, दूसरा चेतावनी के रूप में। यह जो वर्तमान है - यही सत्य है, यही चुनौती है, तेरे पुरुषार्थ के लिए। इससे जूझता रह, जूझना संतोष है, सुख है। और भविष्य? वह केवल आशा है। समझ - मंगलोन्मुख है।'

फिर दोनों मौन हो गए - सामने हवा में झूमते वृक्ष की तरह! दोनों - धरती को देखते, परिंदों के गीत सुनते और नभ में फैलती अरुणाई में डूबते चले जा रहे थे।

सत्य के लिये मितभाषी बनो

मध्यान्ह वेला। भिक्षु भिक्षा कर चुके थे। जेतवन में विश्राम करते हुए एक ने कहा - 'मगधराज सेनिय बिंबसार राज्य और संपत्ति की दृष्टि से बड़ा है।'

'नहीं! दूसरे भिक्षु ने बात काटकर कहा - 'कोसलराज प्रसेनजित बड़ा है।'

'तुम्हें पता नहीं।" पहले भिक्षु ने अपनी बात का समर्थन किया। 'महाराज सेनिय बिंबसार के राजकोष की तुलना कोसलराज से कैसे हो सकती है!

'प्रसेनजित के वैभव से महाराज सेनिय बिंबसार की तुलना नहीं!' दूसरे भिक्षु ने चट से उत्तर दिया।

इतने में शास्ता बुद्ध आ निकले। उन्होंने पूछा, 'क्या चिंतन हो रहा है? दोनों चकित, स्तब्ध और चुप! तीसरे भिक्षुक ने सारी बातें बताई।

प्रभु बोले - 'भिक्षुको! प्रव्रजित होने के बाद सांसारिक चर्चा उचित नहीं। तुम्हें बोलना हो तो केवल धार्मिक चर्चा करो, अन्यथा मौन साधना करो। तृष्णा क्षय के दिव्य सुख की तुलना में सांसारिक काम-सुख धूलि के तुल्य है।'

हम भी अहर्निश जो वाद-विवाद करते हैं, उनमें कितना अनर्थक होता है - और कितना आवश्यक तो हमें धीरे-धीरे वाक् संयम की गुरुता का बोध हो जाएगा और महाकवि कालिदास की यह सूक्ति अर्थवती हो जाएगी - रघुवंशी सत्यवादी होने के लिए मितभाषी थे। 'सत्याय मितभाषिणाम्।' अर्थवती वाणी-मित, हित और मिष्ट होती है।

समय के स्वामी बनें

एक यशस्वी चित्रकार ने चित्र प्रदर्शनी की और उसमें केवल एक चित्र ही रखा गया। स्कूल के छात्र बड़ी संख्या में उस चित्र को देखने आए।

चित्र में एक लड़का बनाया गया था, जिसके पैरों के नीचे पंख बने हुए थे। लड़के के मुख के आगे बाल लहरा रहे थे, जिससे मुंह ढक रहा था। पीछे की खोपड़ी गंजी बनी हुई थी। देखने वाले इस विचित्र चित्र को देखकर चित्र-लिखे से हो रहे थे और इस चित्र के भाव को हृदयंगम नहीं कर पा रहे थे।

चित्रकार स्वयं सामने आया और कहने लगा - 'प्रिय छात्रो! यह चित्र एक बालक का नहीं है - यह चित्र है - समय का, अवसर का। समय भागा जा रहा है, उड़ा ज़ा रहा है - इसलिए पैरों के नीचे जो पंख बने हैं, वे समय की तीव्र गति के द्योतक हैं। जब हमारे जीवन में कोई 'अवसर' आता है तो हम उसे समझ नहीं पाते हैं। अतः समय की अस्पष्टता ढके हुए मुंह से दिखाई गई है। यह अवसर है - जिसके बाल माथे के सामने हैं - यानी जो व्यक्ति सामने आते समय के बाल पकड़ लेता है, वह समय का स्वामी है, अवसर उसके चरण-चुंबन करता है। पर, यदि हम असावधान हो गए, प्रमत्त हो गए तो समय निकल जाता है, भागते समय की पीछे की खोपड़ी गंजी है, वह झट निकल जाती है, हाथ नहीं आती। फिर हम, हाथ मलते, पछताते, सिर धुनते रह जाते हैं - पर, अब 'पछतावे होत का, चिड़ियां चुग गई खेत।'

गम खाना मजाक नहीं

एक ठाकुर और सेठ गहरे मित्र थे। ठाकुर दुबला पतला और सेठ मोटा ताजा। एक दिन ठाकुर ने पूछा - 'सेठजी! आपके मोटे ताजे होने का रहस्य क्या है? आप क्या खाते हैं?' सेठ - ठाकुर साहब! खाने को तो आपके क्या कमी है, पर, मैं ऐसी चीज खाता हूं, जो आप नहीं खाते।' ठाकुर - 'वह कौन सी चीज है?' सेठ - 'वह एक अनमोल चीज है, उसका नाम है - गम' ठाकुर हंसा - 'गम खाना क्या कठिन है! आज से लो, गम खाना शुरू कर दिया।' सेठ ने समझाया कि गम खाना हंसी खेल नहीं है। ठाकुर ने कहा - 'अरे! हम क्षत्रिय हैं, जो ठान लेते हैं, कर गुजरते हैं।' सेठ ने कहा - 'ठीक है, फिर भी मैं तो यह कहूंगा कि रांगड़ (क्षत्रिय के लिए अपमानजनक शब्द) सात जनम में भी गम नहीं खा सकता।' रांगड़ नाम सुनना था कि ठाकुर तमक उठा और म्यान से तलवार निकाल कर बोला - जबान संभाल कर बोल, अभी माथा उड़ा दूंगा।' सेठ ने हाथ जोड़ कर कहा - 'ठाकुर साहब! आप तो कह रहे थे कि अब से गम खाऊंगा, आप तो क्रोध में आ गए। देखिए, गम खाना कितना कठिन है।'

अब जरा ठाकुर होश में आया और कहने लगा - 'सेठ! तू ठीक कहता है। गम खाना मजाक नहीं।'

जीवन को सुखी रखने और दीर्घायुष्य प्राप्त करने का स्वर्णिम मंत्र है - 'गम खाओ, कम खाओ।' कितना छोटा वाक्य - पर, जीवन में उतारना - जैसे दुर्गम पहाड़ पर चढ़ना।

निर्णय कीजिए

कभी-कभी राह चलते दो रास्ते मिल जाते हैं। बटोही रुक जाता है, ठहर जाता है - सोच नहीं पाता, इधर या उधर। यह दुविधा है - जो जीवन का सत्य है। प्रायः हम निर्णय लेने में झिझकते हैं। निर्णय में जहां सफलता का प्रलोभन है, वहां खतरे भी हैं। खतरों से डरकर हम सारी जिंदगी को दुविधा में बिता देते हैं।

'दुविधा में दोनों गए माया मिली न राम।'

हम यह चाहते हैं कि राम भी हाथ में रहे और दुनिया के भोग को भी छककर भोगें। लेकिन, काम और राम साथ कहां, यह तो ऐसी इच्छा है कि रोशनी और अंधेरा दोनों साथ रहें। सूरज भी रहे और अमावस भी रहे!

दो घोड़ों पर एक साथ चढ़ना नहीं हो सकता, दो नावों पर पैर रखने वाला डूबने के लिए तैयार रहे।

एक मार्ग है - प्रेम का, भोग का, नाश का, मंदों मूर्खों का, दूसरा मार्ग हैं श्रेय का, संयम का, कल्याण का।

चींटी चावल ले चली, बीच में मिल गई दाल।
दो-दो बातां नहीं हुवे, एक झाल, एक डाल॥

- एक चींटी चावल ले चली, बीच में दाल मिल गई। वह चावल के लोभ में है और दाल पर भी लट्टू! पर, उसे एक को गिराना, छोड़ना पड़ेगा - तभी वह किसी एक को ले सकती है।

यह आत्म छलना है कि हम रिंद (पियक्कड़) भी रहना चाहें और हाथ से बहिश्त (स्वर्ग) भी न जाने दें। 'तोबा' कहीं बार-बार होता है! फिर भी 'शायर' ने मजे से फरमाया है -

शाम को मय पी ली, सुबह 'तोबा' कर ली।
रिंद के रिंद रहे, हाथ से जन्नत न गई।

- यह शायरी ख्याल है - पर इसका अंदरूनी मतलब है - ऐसा नहीं हो सकता।

खिलखिलाकर अट्टहास करना और गाल फुलाना एक साथ नहीं हो सकता। जीवन का यह सत्य कैकेयी के शब्दों में सुनिए -

दुई कि होइ एक समय भुजाला।
हँसब ठठाइ फुलाउब गाला॥

यह घटना जीवन में घटे

हजरत उमर खलीफा की गद्दी पर थे। यों कहने को खलीफा थे, असल में बादशाह थे। पड़ोस के किसी बादशाह से लड़ाई चल रही थी - फैसले की बातचीत के लिए उन्हें बुलाया गया, तो वे ऊंट पर चढ़ चले।

वे ऊंट पर सवार और उनका गुलाम नकेल पकड़े आगे। चार कोस गए और उनके हुक्म से ऊंट रुका। वे नीचे उतरे और गुलाम के हाथ से नकेल लेकर बोले - 'अब तू बैठ जा ऊपर, मैं नकेल लेकर चलूंगा।' गुलाम चकराया, सोचने लगा, मुझसे क्या खता हुई, जिसकी यह सजा है।

उसने भरे गले से कहा - 'मेरे आका, मेरे पीर, मेरे मालिक, मुझे माफ करो।' हजरत ने उसका कंधा प्यार से थपथपा कर कहा - 'बैठ जाओ ऊपर, अब थोड़ी दूर मैं पैदल चलूंगा, आखिर तुम भी तो उसी खुदा के बंदे हो।'

मालिक का हुक्म, गुलाम ऊंट की पीठ पर खलीफा नकेल थामे आगे- आगे। यों ही उतरते-चढ़ते खलीफा उस बादशाह की राजधानी में पहुंचे और किस्मत का करिश्मा कि राजधानी में पहुंचे तो नकेल खलीफा के हाथ में और गुलाम ऊंट की पीठ पर।

बादशाह के वजीर आदि आए और गुलाम को सलाम करने लगे। बेचारा गुलाम घिघियाकर कहने लगा - 'मैं-मैं तो गुलाम हूं, हजरत खलीफा वे हैं - जो नकेल थामे हैं।'

विरोधी बादशाह ने सुना तो सन्न रह गए। जो अपने गुलाम के साथ ऐसा व्यवहार करता है, उससे लड़कर कौन जीत सकता है और उसने बिना शर्त अपने को उमर के कदमों में सौंप दिया।

यह घटना पढ़ने के लिए नहीं, तारीफ करने के लिए नहीं। इसे जीवन में जीने के लिए उतारा जाए, तभी इसकी अर्थवत्ता है।

बाजार के बढ़ते खतरे

हमारे दो कान हैं; पर, ये दोनों मिल कर एक हैं, एक ही बात सुनते हैं - दोनों एक ही बात सुनकर - मन में पहुंचाते हैं। कहने के लिए - दो! पर, हैं - एक!

हां, सचमुच दो कान हैं - जहां, वह घर नहीं है, व्यक्ति नहीं है, परिवार नहीं, राष्ट्र नहीं - वह है - 'दुकान या दो कान।' बाजार हैं, वहां दुकान है। दुकान के दो कान हैं - अलग-अलग स्वार्थ है, अलग-अलग व्यवहार है। दुकान एक कान से मालिक की आवाज सुनती है, जिसमें नफे की भाषा है - दूसरा कान ग्राहक की ओर लगा है। वह कान ग्राहक की आवाज सुनता है; ग्राहक को राजी करने में लगा है।

दुकान की एक सीमा है; उसे सब जानते हैं। विश्व जानता है। पर, आज तो इन दुकानों वाले बाजार ने फैलना शुरू कर दिया है - गांवों में बाजार, मुहल्लों गलियों में बाजार, रेलों- कारखानों और मंजिले भवनों में बाजार - चौबीस घंटे हम दुंकानों में बैठे-बैठे अपने भीतर भी दो तरफ की आवाजें सुनने लगे हैं।

खतरा तब प्रारंभ होता है - जब बाजार हमारे उच्चार, विचार और आचार जगत् में प्रवेश कर जाता है। आज बाजार का हमला हो रहा है- आचार पर? जहां दुकान हैं - दो तरफा बातें हैं। हमारे विद्यालय, न्यायालय और 'संसद भवन - दुकानें न बनें; वहां अनेक होकर भी एक हों। जैसे मनुष्य की दो आंखें मिलकर एक देखती हैं और दो कान एकाकार हो एक बात सुनते हैं।

'संगच्छध्वं' में इसी एकता के गुरु मंत्र का घोष है।

राज - हो जन-हित के लिये

'सब काल चाहे मैं भोजन करता रहूं, अंतःपुर में रहूं, शयनगृह में रहूं, पशुशाला में रहूं, पालकी में रहूं या उद्यान में रहूं, सर्वत्र मेरे प्रतिवेदक (सूचना देने वाले गुप्तचर) जनता के कार्य की सूचना दें, क्योंकि मैं सर्वत्र जनता का कार्य करता हूं।'

यह उदात्त शब्दावली देवानां प्रिय प्रियदर्शी सम्राट अशोक की है जो उनके अभिलेखों में उत्कीर्ण है।

हमने अशोक चक्र को राष्ट्र चिह्न के रूप में अपनाया। होना यह भी चाहिए था कि कोई पदाधिकारी अपने निवास पर यह भी लिखे, कोई मंत्री पद-मद से हटकर यह भी कहे

सर्वत्र च जनस अथे करोमि

- मैं सर्वत्र जनता का कार्य करता हूं

राजा वह है - जिसका सारा समय जनहित के लिए अर्पित हो। अशोक प्रजा के हित के लिए आकुल-व्याकुल था। यह शिलालेख-पत्थरों पर लिखी ब्राह्मी लिपि से हटकर किंचित मात्र भी यदि लोकसेवकों के जीवन में उतरे तो यह कथन चरितार्थ होगा -

नास्ति मे तोषः

मुझे प्रजा के कल्याण के लिए बहुत करना है, मुझे अपने कार्य से जरा भी संतोष नहीं है। मुझ पर सारे प्राणियों का बहुत बहुत कर्ज है - उससे मुक्त होना चाहता हूं -

भूतानां आनृण्यं गच्छेयं

राजर्षि टंडन की कर्त्तव्य दृढ़ता

स्वराज्य प्राप्ति के पूर्व की बात है। संयुक्त प्रांत (आज का उत्तर प्रदेश) के गवर्नर सर हारकोर्ट बटलर थे। बटलर साहब अपने विलास-वैभव के कारण 'नवाब साहब' के नाम से जाने जाते थे। एक बार वे लखनऊ से इलाहाबाद आए। वहां पर उनके जल विहार के लिए बड़े जल कुंड की व्यवस्था थी।

उन दिनों इलाहाबाद में पानी की बहुत तंगी थी। गर्मी का मौसम था। वहां के नलों में थोड़े समय के लिए ही पानी आता था। पीने के पानी की कमी थी।

गवर्नर के सेवक बटलर साहब के डर से दौड़ कर नगरपालिका के अध्यक्ष के पास पहुंचे॥

उन दिनों नगरपालिका के अध्यक्ष थे-राजर्षि पुरुषोत्तम दास टंडन। वे खुली टाट बिछाए कार्य में व्यस्त थे।

शस्त्रों और सैनिक वर्दी से लैस सेवकों को भी नीचे बैठकर निवेदन करना पड़ा।

टंडन जी ने गवर्नर के सेवकों की बात गंभीरता से सुनी और उन्होंने बड़ा- ही स्पष्ट उत्तर दिया -

'जब मैं अपने नगरवासियों के पीने के लिए पर्याप्त जल की व्यवस्था नहीं कर पा रहा हूं, तो 'नवाब साहब' के जल-विहार के लिए जल की व्यवस्था कहां से करूँ? इस बारे में मैं विवश हूँ।'

क्या यह मिथक है? आज यह यथार्थ मिथक बन गया है, क्योंकि हम देखते हैं, एक ओर अभाव और दूसरी ओर इफरात!

अमृत झरती वाणी का तप

भगवान् कृष्ण द्वारका में थे। विचार परिषद् में बैठे गंभीर चिंतन में रत थे। इतने में देवर्षि नारद पधारे। उनकी अभ्यर्थना में सभी संभ्रम के साथ हड़बड़ा कर उठ खड़े हुए। वीणा की मधुर झंकार और नारद की कीर्तन स्वर लहरी सर्वत्र व्याप्त थी।

भगवान् कृष्ण ने स्मित पूर्वाभिभाषी बन कहना प्रारंभ किया, 'देवर्षे! आपके पदार्पण से यह मध्याह्न के सूर्य की तरह स्पष्ट है कि मेरा भूतकाल अत्यंत शुभ और पुण्यमय है, क्योंकि उसके प्रसाद से आपका शुभागमन हुआ है। आपके दर्शन से वर्तमान अच्छा, शुभ व मंगलप्रद हो गया। जब भूतकाल अच्छा, वर्तमान अच्छा तो इन्हीं के परिणामस्वरूप भविष्य भी अच्छा होगा। आपके आगमन से स्पष्ट है कि मेरे तीनों काल शुभ व कल्याणकारी हैं।'

नारद इन मधुर मिष्ट शिष्ट शब्दों को सुनकर मौन हो गए; उन्हें लगा - उनकी वीणा की मीठी झंकृति भी भगवान् की शालीन पीयूषवर्षी भाषा के सामने फीकी पड़ गई है। नारद - 'प्रभो! आज मालूम हुआ, स्वर्ग में जो अमृत है, वह झूठा है, जूठा है और बेस्वाद है; अमृत तो आपके अधरों से शब्दों के रूप में झर रहा है। इसे कहते हैं - बोलना!'

पुनः भगवान् ने कहा, - 'देवर्षे! आप क्यों पधारे हैं, यह पूछने की धृष्टता मैं नहीं करूंगा, क्योंकि आपके कोई काम नहीं, आप तो सभी के कल्याण के लिए विचरण करते हैं। पर, मैं चाहता हूं कि मुझ पर कृपा करने के रूप में आज्ञा देकर मुझे कृतार्थ करें।'

भगवान् कृष्ण के इस स्वागत भाषण को नारद ने सुनकर इतना ही कहा - 'आज मालूम है-बोलना भी एक तप है।'

वाणी का तप है - सत्य। कोरा सत्य नहीं, प्रिय; कोरा प्रिय नहीं, हित। वाणी में जब हित, मित, मिष्ट घुल जाते हैं - वह अमृत बन जाती है।

नीति की भी महिमा

धर्म अलग है, पर व्यवहार भी है। नीति भी है-उसे भी संभालें। चाणक्य ने कहा -

'शत्रु पर विश्वास न करो, यहां तक कि मित्र पर भी नहीं।' यानी सतत जागरूक।

एक बिल्ली आई केदार की तीर्थयात्रा कर। प्रमाण के लिए केदार-कंकण पहना। हाथ में माला। बूढ़ी हो चली थी। चूहों के पास गई - कहने लगी - 'प्यारे चूहो! मैंने जवानी में बहुत कुकर्म किए - मेरे परिवार में कोई बचा नहीं। अब मैं बदल गई। तुम्हारा ही सहारा है।'

भोले चूहे कहने लगे - 'बेचारी बुढ़िया है। अब तप करती दुबली हो गई है।' अब चूहे बेखटके आने-जाने लगे।

एक चूहा जरा गिनती जानता था - 'देखता संख्या कम क्यों हो रही है। वह कहने लगा - भाइयों! कहीं दाल में काला है। हमारी संख्या कम हो रही है!' एक पुच्छकटे चूहे ने कहा - 'मैं कुर्बानी देने को तैयार हूं। आज जब हम बिल्ली के सामने से गुजरें तो मैं पीछे रहूंगा - मैं यदि न दिखाई देऊं तो समझना मुझे वह चट कर कर गई है। नहीं तो गिनती वाली बात झूठी।' ऐसा ही किया गया। सब चूहे आगे-आगे निकलते गए। वण्ड पुच्छ सबसे पीछे! उसे बिल्ली शीघ्र ही निगल गई।

दूसरे दिन चूहों ने देखा 'वण्ड पुच्छ' नहीं। बिल्ली को दूर से सुनाकर कहा - 'अरी दुष्टे।'

केदार कंकणं कंठे तीर्थवासी महातपः।
सहस्र मध्ये शतं हन्ति "वण्ड पुच्छ" न दृश्यते।

तू कंठ में केदार कंकण पहने हैं। तीर्थवासिनी व तपस्विनी बनी हमें छलती रही है। हजार थे हम - तुम सौ को चट कर गई। इसका सबूत है हमारा पुच्छकटा नजर जो नहीं आता।

यह कहानी चाहे झूठी हो - पर, हम आए दिन शत्रुओं पर भरोसा कर क्या धोखा खाने के आदी नहीं। इस कहानी से कुछ कभी तो सीखें यह नीति की मांग है। इतिहास की और युग की भी।

विनोद ही जीवन

भगवान् श्रीकृष्ण विनोद के मूड में हैं। वे पट्टमहिषी रुक्मिणी से कह रहे हैं -

'अरी राजकुमारी! तू भी कैसी चूक गई। विवाह भी किया तो मुझसे - मैं जो लड़ाई से भागा, मैं निष्कंचन, जिसके पास में कुछ नहीं, दूर भागकर जो द्वारका में आ पड़ा और मैं राजा भी नहीं - तुम्हें पाने को तरसते थे - स्वर्ण किरीटधारी राजा, विपुल संपदा व अपार वैभव वाले अब भी देख ले - पसंद कर ले।'

रुक्मिणी हास्य प्रौढ़ि (विनोद की गहराई) न समझ सकी। रोने लगी, जमीन पर गिर पड़ी। कृष्ण ने संभाला, प्यार से आंसू पोंछे और धीरज बंधाते हुए गृहस्थ जीवन के माधुर्य को व्याख्यायित करते हुए कहा - (यह कथन आज भी सभी गृहस्थ जन के लिए अमृतोपम औषध है) -

अयं हि परमो लाभो गृहेषु गृहमेधिनाम्।
यन्नर्मैर्नीयते यामः प्रियया भीरु भामिनि।।

(भागवत, 10-60-31)

'मेरी परमप्रिये! सुंदरी! घर के काम धंधों में रात-दिन लगे रहने वाले गृहस्थों के लिए घर-गृहस्थी में इतना ही तो परम लाभ है कि अपनी प्रिय अर्द्धांगिनी के साथ हास-परिहास, मधुर दिल चुराने वाला विनोद करते हुए कुछ घड़ियां सुख से बिता ली जाती हैं।'

जिस घर में धन है, विलास की विपुल संपदा है - पर - हँसी विनोद की सलोनी मधुधारा नहीं - वह घर 'सूना है, उदास है।'

अब रुक्मिणी समझ पाई और उसने थकान को दूर करने वाली ' सव्रीउ हास रुचिर। स्निग्ध' यानी लजाई हुई, शर्मीली हास से रुचिर, चिकनी चितवन से कृष्ण की ओर निरखा' निहारा।' ऐसे नयन गृहस्थ जीवन के झरोखे में नित नूतन रस की वर्षा करते रहते हैं। **'धन्यो गृहस्थाश्रमः।'**

'वो मुड़ी, थोड़ी हँसी/मैं भी हँसा/फिर हमारे साथ नदियां, घाटियाँ, कोहसार बादल/फूल, कोंपल, शहर, जंगल सब के सब हँसने लगे।'

सफलता का सूत्र

कोइ निंदो कोइ बिंदो
म्हे तो सांवरिया गुण गास्यां।

- मीरा।

मेरी चाहे कोई निंदा करे या चाहे वंदना करे - मैं तो केवल सांवरिए के ही गुण गाऊंगी।

यह भजन है, यही लक्ष्य प्राप्ति का अचूक निशाना है। पाना है, कुछ कर गुजरना है तो जीवन निर्णय बनता है।

सुविधा - पथ का रोड़ा है। दुविधा - पथ का कांटा है।

हिचक रोकती है। सुस्ती टोकती है। चुस्त व दुरुस्त होकर ही इस रोक-टोक के रोड़ों को कुचला जा सकता है।

नेपोलियन जानता है - फ्रांस में प्रतिभाएं हैं - जो कल्पना में खोई है। महान हैं - पर, जो उद्देश्य की शक्ति को नहीं जानते।

चाहे कोई कैसा ही है - वह यदि विकट परिस्थितियों के सामने पंजा लड़ाने को उतरता है तो वह समय की लहरों पर सवार हो जाता है; नहीं तो लहरें रौंद देती हैं।

सफलता का सूत्र है - तीर की तरह तन्मय होना। न बायां न दायां। जीवन का अर्थ है - लगन, धुन, एकाग्रता, निश्चय और फैसला।

'अब विलंब केहि काज' फिर देर कैसी! मुहूर्त कैसा! उत्साह तत्काल कदम उठाने का नाम है।

सिकंदर से पूछा गया तुमने संसार को कैसे जीता? उत्तर था - देर नहीं करने से।

बाणभट्ट के शब्दों में;

'अंगण वेदी वसुधा....कृत प्रतिज्ञस्य वीरस्य।'

जिस वीर ने प्रतिज्ञा कर ली है - उसके लिए यह विशाल वसुधा - कुछ नहीं - आंगन की वेदी जैसी है छोटी सी!

'किं दूरं व्यवसायिनाम्।' व्यवसायियों के लिए कैसी दूरी! सभी सदा प्राप्त।

कर्म करे - पर, हों वे करने योग्य

निःसंदेह हम एक क्षण भी बिना कर्म के नहीं रह सकते। पर, कर्म क्या है, इसको समझना कठिन है। गीताकार ने कहा है - कर्म की गति गहन है।

फिर भी साधारणतः कर्म को यों समझा जा सकता है। कर्म के चार भेद हैं - पाप कर्म, पुण्य कर्म, आत्म कर्म और व्यर्थ कर्म!

जो कर्म अहंकार, लोभ व आसक्ति की प्रेरणा से किए जाते हैं - जिनके कारण चारों ओर कांटे ही कांटे बिखर पड़ते हैं-वे पाप कर्म हैं।

समाज की भलाई के लिए अपने स्वार्थ की बलि देकर जो कर्म किए जाते हैं-वे पुण्य कर्म हैं-वे कर्म फूलों की तरह चारों ओर खुशबू फैलाते हैं।

पर, ये दोनों प्रकार के कर्म बंधन हैं। बंधन चाहे लोहे की जंजीर के हो या सोने की जंजीर के, बंधन तो बंधन ही हैं।

तीसरा कर्म है - आत्म कर्म, जहां प्रकाश है - केवल प्रकाश! अब कर्म अकर्म है।

'तमो विहतो आलोको उत्पन्नो अपारूता अमृतस्य द्वारः।'

अंधकार मिट गया, प्रकाश हो गया। और अमृत का द्वार खुल गया। पर, हमारा समय रात दिन व्यर्थ कर्म में बीतता है। दिन भर साज संवार में, यों ही इधर उधर गप शप में, आलस में, बेमतलबी बातों में - न इनमें कांटे, न खुशबू और न रोशनी। केवल धूल ही धूल! गर्द गुब्बार! थूक का आलोडन विलोडन! निस्सार!

कर्म करें, पर, वह कार्य करने योग्य हों! 'कार्य कर्म समाचर' - तू करने योग्य कर्म को अच्छी तरह से कर।

सच्चा शिष्टाचार

मीरा से पूछा - क्यों कुशल है?'

मीरा ने उत्तर दिया - 'कैसा कुशल! अबोले हैं प्रिया! फिर कैसा कुशल! युग-युग बीत रहे हैं। मेरे प्रिय मुझसे बोल ही नहीं रहे हैं।'

'अबोलणा जुग बीतण लाग्या काहे की कुसलात।'

जायसी व्याकुल होकर तड़प उठता है - मेरा प्रिय मेरे हृदय में है, पर, मुझसे भेंट नहीं होती है। हाय! कोई मिला दे।'

हम जब मिलते हैं। शिष्टाचार से पूछते हैं - क्यों मजे में हो? कुशल है न।' पर, हम जानते हैं, न पूछने वाला कुशल है और न बताने वाला। 'कुशल कुशल पूछने वाले और कहने वाले - सभी मौत के मुंह में हैं। 'जगत चबेना काल का कछु मुख में कछु गोद।'

आइए, हम पूछें - 'क्यों पुण्य बढ़ रहा है, सत्कार्य हो रहे हैं, श्रेय साध रहे हो, प्रेम तत्व बढ़ रहा है?'

इन्हीं की बढ़ोतरी जीवन है, नहीं सभी 'कमाई' है - कमी है, घाटे का सौदा है। 'कमाई' करते-करते सभी में कमी आती गई।

ऊपरी शिष्टाचार की अशिष्टता को छोड़ें और सच्चा शिष्टाचार अपनावें -

दानं सत्यं तपोऽलोभो विद्येज्या पूजनं दमः
अष्टो तानि चरित्राणी शिष्टाचारस्य लक्षणम्।

'दान, सत्य, तप, निर्लोभता, विद्या, यज्ञ, पूजन और संयम इन आठों को आचरण में लाना शिष्टाचार का लक्षण है।'

अंतर की ज्ञानाग्नि सदा प्रज्ज्वलित रखें - जो बाहर प्रेम बनकर चारों ओर शीतलता फैलावे। प्रेम का स्पर्श हो, मुख में मिठास हो, आंखों में तेज हो और हाथों में दान हो नहीं तो आदमी - धूल है, एक मुट्ठी राख इससे अधिक कुछ नहीं। प्रेम ही बैकुंठ है।

"मानस प्रेम भयेऊ बैकुंठो, नाहिं त काहू छार एक मूठी,
प्रेम पंथ जै पहुच पारा बहुरिन आई मिलैएहि छारा।"

- जायसी

सच है - प्रेम का पंथ हमें पार पहुंचाता है। नहीं तो आदमी क्या है - एक मुट्ठी छार, राख इससे भी स्यात् निःसार!

संतोष बिना सब पाना धूल

क्षीर सागर में शेष शैय्या पर सोए विष्णु के पैर दबाती लक्ष्मी के कानों में यदा - कदा नारी स्वावलंबन की आवाजें पहुंचतीं। नारी मुक्ति के मोहक नारे सुनकर एकदिन लक्ष्मी ने कहा - 'स्वामिन्! मुझे छुट्टी दें, मैं भी स्वतंत्र हो, स्वावलंबन के आनंद का अनुभव करना चाहती हूं।'

विष्णु ने सहर्ष स्वीकृति दी और साथ में ले जाने के लिए अनंत वैभव के भंडार खोल दिए।

लक्ष्मी ने चाहा - 'मैं जहां जाऊं - वहां सुख सुविधाएं हों, महल हों, हाथी घोड़े व नए युग के नए वाहन हों, नौकर चाकर हों, कवि, कलाकार, नाटककार, गायक, गायिकाएं, नर्तक, नृत्यांगनाएं हों।' विष्णु ने कहा - 'और भी विचारो, ले जाओ।' पर, लक्ष्मी ने देखा - कोई कुछ है, उसे विष्णु बार-बार पैर के नीचे दबाकर रख रहे हैं।

लक्ष्मी - 'यह छिपाई हुई वस्तु भी दे डालो।' विष्णु - सारे गुण ले जाओ, बस मेरे पास एक इसे रहने दो।'

लक्ष्मी समझ न पाई, वे क्या छिपा रहे हैं।

लक्ष्मी चल पड़ी। जहां गई - वहां खूब वैभव छा गया। लेकिन - लक्ष्मी जितना भी देती, प्यास बढ़ती जाती थीं। और-और की रट। मदिरा के साथ पागलपन भी बढ़ता गया।

लक्ष्मी अपने वरदानों को अभिशापों में बदलते देखकर निराश हो रही थीं।

इतने में आकाशवाणी हुई - 'अरी चंचला। तू सब दे सकती है। एक संतोष नहीं - जिसे विष्णु ने दबाकर रखा है।'

जब संतोष नहीं तो सब कुछ पाकर भी 'स्वाहा'।

न कोई छोटा न बड़ा - जीवन सहयोग का नाम

तीर निशाना भेदकर लौट आया। उसने देखा कमान वहीं पड़ा है। तीर जरा तीर-सा तीखा बन कमान से कहने लगा - 'बस, यहीं पड़े हो सुस्त - से ढीले, जीवन का मजा भी नहीं लेते।' कमान मौन रहा सुनकर, इतना ही बोला - 'तुम ठीक कहते हो।'

तीर तमक गया - 'ठीक, क्या ठीक, मैंने आकाश की सैर की है, उड़ने का मजा लिया है, रुका-झुका नहीं - सीधा लक्ष्य वेध!'

कमान ने अपनी डोरी से कहा - 'धनुर्धर आवे तो तुम ढीली-सी रहना - गर्वीले तीर को सबक पढ़ाना है।' धनुर्धर आया, उसने धनुष पर प्रत्यंचा तानी, उसने कान तक खींच कर तीर को चलाना चाहा। डोरी के ढीला रहने से वह तीर पांच कदम पर ही नीचे धरती पर गिर पड़ा। धरती पर गिरे तीर को देखकर कमान ने कहा - 'लगी तो नहीं, संभल कर उड़ो।'

अब तीर अपनी सही स्थिति के रू-ब-रू हो सका। उसने कमान से कृतज्ञता के स्वर में कहा - 'मैं घमंड में चूर समझ नहीं पाया कि मेरी उड़ान - केवल तुम्हारे बल पर है।'

इतना सुनकर कमान हँस कर कहने लगा- 'असल में न कोई बड़ा और न कोई छोटा! जीवन सहयोग है, मेल है।'

कुशल धनुर्धर हो, मजबूत कमान हो, तीखा सीधा तीर हो-तो हो लक्ष्य वेध।

परस्परावलम्बन ही जीवन

- महावीर

भीतर छिपी मानवता

अब्राहम लिंकन के राष्ट्रपति होने के समय की घटना है। वे अपना प्रथम राजनीतिक भाषण दे रहे थे। सभा में भीड़ थी। इतने में एक आदमी भीड़ को ढकेलता मंच पर पहुंचा। उसका नाम था अंकिल जिमि। वह देहात का रहने वाला था। पुराने ढंग का लिबास था। लिंकन का वह पुराना दोस्त था। वह यह भी नहीं जानता था अभी बीच में नहीं जाना चाहिए।

भाषण देते लिंकन से कहा - 'यार अब्राहम क्या हाल है?' लिंकन बोलते-बोलते रुके और उससे कहने लगे - 'अंकिल जिमि, आप अच्छे हैं न? इस समय कैसे कष्ट किया?" फिर उस मित्र का हाथ पकड़कर अपनी कुर्सी पर बैठा दिया। दोनों बाजू में स्थानीय प्रतिष्ठित लोग बैठे थे।

अंकिल को मजा नहीं आ रहा था-वे अशांत से थे। आगे की ओर झुके - उठ कर खड़े हो गए।

पूछा - 'अब्राहम! मैं तुमसे यह पूछना भूल गया कि तुम्हारी पत्नी व बच्चे कैसे हैं?'

अब्राहम के चेहरे पर न घबराहट, न तनाव, सहज भाव से भाषण के बीच में उससे कहा - 'सब मजे में हैं। धन्यवाद।' फिर आगे भाषण चालू! सभी दर्शक लिंकन के, भावी राष्ट्रपति के भीतर छिपी मानवता की दिव्य छटा देख रहे थे।

होश का नाम - वृद्धत्व

हजरत उमर बिन अब्दुल अजीज के पास एक प्रतिनिधि मंडल आया। उसमें कई बूढ़े थे और एक नौजवान भी था। नौजवान ने जब जुबान खोली और प्रतिनिधि मंडल की ओर से कुछ कहने लगा। हजरत उमर ने हाथ से इशारा करते हुए हुक्म दिया - 'नौजवान! तुम खामोश रहो। किसी बुजुर्ग को बोलने का मौका दो।' नौजवान - 'हुजूर! बुद्धि और समझ का सम्बन्ध उम्र से नहीं होता। वरना आज इस जगह मसनद पर आपकी जगह कोई बूढ़ा आदमी बैठा होता।' 'नौजवान! तुम सही कहते हो। मुझे अपनी गलती का अहसास हो गया। हां, अब तुम प्रतिनिधि मंडल की ओर से खुलकर अपनी बात कहो। मैं सुनूंगा।' कहावत हैं - तेज वालों की वय (उम्र) नहीं देखी जाती। अकल बड़ी कि भैंस (वयस)। वयस् का - उम्र का क्या बड़ा। बड़ी तो अक्ल ही है। इसीलिए तरुण शुकदेव ही व्यास पीठ पर वृद्ध ऋषियों के होते हुए बिराजे! फिर भी यह भी सत्य है- 'वह सभा सभा नहीं - जहां वृद्ध न हों।' वृद्ध केवल वय से नहीं - ज्ञानवृद्ध भी हों! रघुवंश की एक विशेषता थी -

'वृद्धत्वं जरसा विना।' - कालिदास

रघुवंशियों में बिना जरा (बुढ़ापा) के ही बूढ़ों जैसो समझदारी आ जाती थी यानी उनमें जोश के साथ होश भी था।

कोरा जोश = कोरा जवान

कोरा होश = कोरा बूढ़ा

जोश के साथ होश = सच्चा तारुण्य

= आदर्श जवानी।

विवेक की मांग

जीवन है, कदम-कदम पर विवेक की मांग करता है। क्या करणीय है, क्या अकरणीय है - इसके उत्तर व्यक्ति, समाज, परिवेश, समय, स्थिति के अनुसार दिए जाते हैं। सर्दी की व्यवस्था, गर्मी के किस काम की!

एक साधारण स्त्री है, घर में गायें हैं, दूध-दही बेचकर अपना जीवन चलाती है। पर, जब वह घोड़ों पर चढ़े बांके जवानों को देखती है तो उसका मन एक घोड़ी की चाल-ढाल, उसकी शान पर लट्टू हो जाता है। फिर क्या था - बिना समझे-बूझे उसने अपनी गायें बेच दीं और घोड़ी को खरीद लिया।

अब प्रश्न उठा - घोड़ी का क्या करे!

दूध-दही के दर्शन दुर्लभ! घोड़ी के लिए घास खोदने के लिए वन-वन भटकना पड़े।

इसी नासमझी पर एक व्यंग्य है, एक कहावत है-

'दूध दही से धापगी, चढबा नै मन चाल्यो।
ठाली बैठी डूमणी, घर में घोड़ो घाल्यो॥'

दूध-दही से वह खूब छक कर ऊब गई थी! उसका मन घोड़े पर चढ़ने को हुआ। इस प्रकार उसने लाभप्रद अपने काम को छोड़ दिया और "घर में घोड़ा डाल लिया" यानी नई विपत्ति मोल ले ली।

कहीं ऐसा तो नहीं हो रहा है कि हम भी इस प्रकार किसी नासमझी में उलझकर परेशानी मोल ले रहे हैं। नींद बेचकर कहीं बदले में 'ओझका' - तंद्रा, ऊंघ या खुमारी मोल लेने की गलती तो नहीं कर रहे हैं?

दिये से दिये जलते हैं

रोमांटिक महाकवि शेली ने कहा 'चरित्रवान् व्यक्ति आनंदमय आत्माओं में है। चरित्रवान् व्यक्ति पृथ्वी का नमक (लवण) है।' नमक है - यानी ऐसे व्यक्तियों से धरती का स्वाद बढ़ जाता है और ये ही धरती के लावण्य हैं। क्योंकि 'लूण बिना पूण' यदि नमक न हो, तो सारा आधा अधूरा!

यदा-कदा चारों ओर पुण्यात्माओं के चरित्र की सुरभि नए-नएं रूपों में दुनिया में फैलती रहती है! इससे दुनिया रहने के काबिल बनती है। चरित्रवान् चले जाते हैं, पर उनकी कीर्ति की सुगंध से धरती महकती रहती है। नहीं तो दुनिया कविवर शेली के शब्दों में 'कोरी कब्रिस्तान रह जाती है - जहां केवल गंध!'

चार्ल्स चर्चिल चरित्र को मानव जीवन की दुर्लभ उपलब्धि मानते हैं। 'हजार वर्षों में एक बार कभी पूर्ण सच्चरित्र व्यक्ति अवतरित होते हैं।' यह सही है, तभी संत कबीर ने साख भरी -

सिंहन के लहंडे नहीं, हंसन की नहिं पांत।
लालन की नहिं बोरियां, साधु न चले जमात॥

लेकिन, यह भी सही है कि चरितवानों के चरित भी नए चरितों का निर्माण करते रहते हैं; क्योंकि दिये से दिये जलते हैं। हम कभी निराश न हों, क्योंकि भगवान् कृष्ण का यह आश्वासन स्वर हमारा पथ-दीप है -

'संभवामि युगे-युगे।'

तू चेला नहीं, गुरु है गुरु!

आनंद के पल उड़ते हुए आते हैं, भय की आंधी उन्हें उड़ा कर ले जाती है।

चिंता, ईर्ष्या, जलन, नफरत, बदले की भावना -ये भय की अवैध संतानें हैं। सच्ची संपदा यदि हमारे पास हो तो हम अभय बनते हैं। सच्ची संपदा का अर्थ है - प्रेम, सद्भाव, समभाव और हित कामना।

दो सन्यासी यात्रा पर थे - गुरु-चेले। गुरु - 'अंधेरा बढ़ने को है, जल्दी पार हो लें तो ठीक, नहीं तो भय सामने हैं।' चेला समझ नहीं पाया, 'संन्यासी को भय कैसा! क्या अंधेरा, क्या उजाला' रास्ते में गुरु ने चेले को अपना झोला दिया, वे शौच के लिए गए - कहते गए - 'इसे सावधानी से रखना।' चेले को शंका हुई - आखिर इस झोले में ऐसा क्या है। चेले ने टटोला, देख कर दंग - भीतर, सोने की ईंट। चेला समझ गया - 'यही संपदा भय के मूल में है!' उसने ईंट पास के कुएं में डाल दी। गुरु ने झोला संभाला। तेज चले। फिर भी मंजिल दूर! रात का अंधेरा और बीहड़ वन! गुरु- अब तो भय सामने है।' चेला - 'गुरुजी, डरिए नहीं - हम भय से दूर हैं, भय बाहर है।' गुरु समझ नहीं सके। चेला - 'भय का भूत आपकी झोली में था - मैंने उसे कुएं में पटक दिया है।' गुरु ने हड़बड़ में झोला टटोला - देखा सोने की ईंट गायब। लंबी सांस लेते हुए भीतर के संन्यासी ने कहा - 'तू चेला नहीं, गुरु है। हम अब अभय हैं।'

बाहरी संपदा और उसके प्रति आसक्ति - यही भय है। ज्ञान, वैराग्य, प्रेम और सेवा - ये गुण हमें अभय बनाते हैं।

गिरो तो गिरो - गेंद की तरह

इंग्लैंड का बादशाह एल्फ्रेड जो महान एल्फ्रेड कहलाता है। शुरू में वह निकम्मा था और अपना राज खो बैठा। वह इधर-उधर मारा मारा फिरता रहा। एक किसान के यहां, छिपकर रहने लगा और वहां नौकरी कर गुजर करने लगा। उसे बर्तन मांजने, पानी भरने और चौके का काम सौंपा गया। उसके काम की देखरेख किसान की स्त्री करती थी।

एक दिन वह स्त्री काम से बाहर गई और बटलोई में दाल चढाकर कहा - 'जब तक मैं न आऊं, तुम दाल का ध्यान रखना।' वह स्त्री लौट कर देखती है कि एल्फ्रेड बैठा सोच रहा है और बटलोई की दाल सारी जल गई है।

स्त्री - 'मूर्ख नवयुवक। लगता है, तेरे पर एल्फ्रेड की छाया पड़ गई है, जो काम सौंपा गया है, उसे एकाग्र चित्त से नहीं करता। तू भी उसकी तरह मारा मारा फिरेगा।'

उसको क्या पता था कि जिसे कह रही है, वह एल्फ्रेड ही है। एल्फ्रेड को अपनी गलती का पता चला। उसने एकाग्रता का संकल्प किया। वह मित्रों से मिला। धन जुटाया। सेना गठित की। दुश्मन पर चढ़ाई कर जीत हासिल की। वह खोए हुए राज्य का मालिक बना।

प्रजा की भलाई के अनेक कार्य किए जिससे वह 'एल्फ्रेड द ग्रेट' कहलाया।

गिरो तो मिट्टी के लौदे की तरह मत गिरो,
गिरो तो गिरो गेंद की तरह।

बात चाहे कड़वी लगे, यदि सच हो तो गांठ बांध लो और उसे जीवन की सिद्धि का मंत्र बना लो।

गुफा को बोलते नहीं सुना

एक सिंह शिकार की खोज में रहा। उसे कुछ नहीं मिला। सूर्यास्त के समय उसे एक गुफा दिखाई दी। वहां भी उसे कुछ न मिला। यह सोचकर वह वहां रह गया कि यह किसी जानवर की मांद है, जब वह आएगा तो खाने को मिलेगा।

इधर उसमें रहने वाला सियार लौट आया। देखा, अंदर गए हुए सिंह के पंजों के निशान हैं; पर लौटने के नहीं। उसने विचार किया। होशियारी की।

सियार - 'अरी गुफा! आज तू: चुप क्यों है? हमने तय किया था कि जब मैं आऊं तो मुझे स्वागतपूर्वक बुलाया जाय।'

भीतर बैठे सिंह ने विचार किया कि यह गुफा मेरे कारण चुप है, इसलिए मुझे स्वागत करना चाहिए। स्वागत सुनकर सियार अंदर आएगा और मैं चटकर जाऊंगा।'

सिंह ने अपनी आवाज बदलकर कहा - 'प्यारे सियार! अंदर आओ। स्वागत है, आपका!'

सिंह के निनाद से गुफा गूंज उठी। सियार सावधान होकर उल्टे पांव लौट पड़ा, यह कहकर कि 'आज तक मैंने गुफा को बोलते नहीं सुना है।'

वनेऽत्र संस्थस्य समागता जरा
विलस्य वाणी न कदापि मे श्रुता

मैं इस वन में रहते-रहते बूढ़ा हो चला हूं। मैंने आज तक बिल को बोलते नहीं सुना है।

अवश्य ही दाल में काला है। (अर्थात् माँद में सिंह है) सावधानी और बुद्धिमता सदैव ही सुरक्षा रूपा है।

इस भूतल को ही स्वर्ग बनाने आया

चीन के दार्शनिक, शासक और मनीषी कुंग (कनफ्युसियस) को एक शिष्य ची-लू ने पूछा - 'भगवन्! मैं ईश्वर की सेवा किस प्रकार कर सकता हूं?' उत्तर में कुंग ने कहा - 'जब तुम्हें यह ज्ञान नहीं कि मनुष्य की सेवा किस प्रकार की जाए, तब देवों की सेवा के संबंध में कैसे पूछ सकते हो?' पुनः शिष्य ने पूछा - 'भगवन्! मृत्यु के संबंध में सम्यक् रूप से विचार प्रकट कीजिए।' उत्तर में कुंग ने कहा - 'प्रिय ची-लू, जब तुम्हें जीवन के विषय में पर्याप्त ज्ञान नहीं है, तब तुम्हें मृत्यु के संबंध में ज्ञान कैसे हो सकता है?'

यानी कुंग को परलोक की इतनी चिंता नहीं थी, जितनी इहलोक को सुधारने की।

कुंग के उपदेशों में जीवन को ऊंचा उठाने की प्रेरणा है।

१. न्याय के प्रति प्रेम, विद्वान के प्रति आदर तथा सदाचार मनुष्य को विशिष्ट पुरुष बनाने में समर्थ होता है। २. ज्ञानी पुरुष के लिए अपना चित्त स्वर्ग है। ३. ज्ञानी मनुष्य संदेह से, धार्मिक पुरुष चिंता से और वीर पुरुष मद से मुक्त होता है। ४. बीस वर्ष तक धार्मिक जीवन व्यतीत करना पर्याप्त नहीं, किंतु एकदिन भी बुराई करना बहुत बड़ा दोष है। ५. सदाचार के प्रति अनुराग, सौंदर्य के प्रति अनुराग की तरह हृदय में होना चाहिए।' 'साकेत' में भगवान राम का यह कथन मोहक है-

'मैं यहां नहीं संदेश स्वर्ग का लाया,
इस भूतल को ही स्वर्ग बनाने आया।'

विद्या-सागर: दया-सागर भी

अभाव में पले ईश्वर चंद्र विद्यासागर को जब 50 रुपए मासिक की नौकरी मिली तो अनेक संबंधी आशीर्वाद देने पहुंचे। 'भगवान् की कृपा से तुम्हारे कष्ट दूर हो गए। आराम से रहो और चैन से जीवन गुजारो।'

ईश्वर चंद्र के नेत्र भर आए और कहने लगे - यह आशीर्वाद है या शाप? जिस अध्यवसाय के बल पर मैं यहां तक पहुंचा हूं, उससे हटने और निकम्मा बनने को कह रहे हो!

आपको कहना तो यह चाहिए था कि अब दूसरे अभावग्रस्तों को भूलना मत, उनके लिए अब कार्य करो। तुम्हें मौका मिला है।

विद्यासागर का सारा जीवन इस तथ्य की घोषणा है कि वे अभावग्रस्तों की सेवा में सदैव लगे रहे; तन-मन-धन से। सच्चे अर्थों में उन्होंने परमार्थ जीवन बिताया।

न पूजा, न उपासना, न जप और न कीर्तन! पर, ऐसे भक्त कहां!

परमहंस ने इसीलिए उन्हें दयासागर कहा! तथाकथित आस्तिक, फिर भी कार्यों से स्वार्थी और नास्तिक!

विद्यासागर में था सच्चा आस्तिक्य! जो बंदों की सेवा में ही लगे रहे। उन्होंने शुभ कर्मों की पुष्पांजलि ही चढ़ाई - अदृश्य के चरणों में।

निर्भय हो - सामना करें

परम पुरुषार्थी स्वामी विवेकानन्द का यह संस्मरण-चिंतन हमें नए अभय पथ का पथिक बनाने में सदा समर्थ है -

'मैं एक बार काशी गया। वहां एक मंदिर में बहुत से हृष्ट-पुष्ट और उपद्रवी बंदर थे। मैं दर्शन कर मंदिर के बाहर निकला तो ऐसे तंग रास्ते से चला कि वहां एक ओर बड़ा भारी तालाब और दूसरी ओर बहुत ऊंची दीवार थी। बंदरों ने बीच रास्ते में मुझे घेर लिया। अब मैं वहां से भागा। मुझे भागते देखकर बंदर और भी मेरे पीछे पड़ गए और काटने भी लगे। यह तमाशा देखकर दूर खड़े आदमी ने कहा -

आप डर कर भागते क्यों हैं? उनसे निर्भय होकर सामना कीजिए, वे आपसे खुद डरकर भाग जाएंगे।' मैंने ऐसा ही किया और सब बंदर धीरे-धीरे भाग गए।

यही बात संसार की है। अनेक विघ्न बाधाओं से डर कर भाग जाएं तो कुछ हाथ नहीं लगेगा। हम विपत्तियों से जितना ही डरेंगे, उतना ही वे हमें चक्कर में डालेंगी। भय, दुःख और अज्ञान का डटकर सामना कीजिए।

'नहीं जो खार से डरते, वही उस गुल को पाते हैं।'

खोजो - प्रकाश की पगडंडी है, सर्वत्र

इतिहास सीधी रेखा नहीं। इतिहास निरंतर ऊपर चढ़ने वाला विकास क्रम नहीं। इतिहास नीचे गिरने वाले ह्रास की विवशता नहीं। इतिहास घूमता है - गाड़ी के पहिये की तरह। कभी ऊपर, कभी नीचे। कभी ऊपर वाला नीचे, कभी नीचे वाला ऊपर।

गुप्तजी ने कहा है--

'है निशिदिवा सी घूमती सर्वत्र विपदा-संपदा।

महाकवि कालिदास ने 'मेघदूत' में यक्ष के मुंह से कहलाया है-

नीचैर्गच्छत्युपरि च दशा चक्रनेमिक्रमेण

सुख दुःख तो पहिये के चक्के के समान कभी नीचे कभी ऊपर आते रहते हैं।

कैसे प्रेम के मधुर रिश्ते थे। अपनेपन से भरे। पर, आज तो ऐसा लगता है - जैसे दुनिया केवल जरूरतों को ही समझती है। सब जगह मनुहारें हैं, केवल मतलब को लेकर।

बड़ी दूर लेके चले गये
बुजुर्ग रिश्तों की बस्तियां।
यह जरूरतों का समाज है,
यहां कोई छोटा बड़ा नहीं॥

शायर का यह दर्द - क्या लाइलाज है? कहीं से, जब भी कोई भूले चूके दो प्रेम के मीठे बोल बोलता है तो लगता है अभी कोई संत कहीं गुनगुना रहा है।

कोई भी ऐसा घना अंधेरा नहीं होता, जहां से कोई प्रकाश की पगडंडी न निकली हो!

यही है - अवतरण का रहस्य

एक कूप है। पनिहारिन ने एक कलश के गले में फंदा डाला है। उसे कुएं में नीचे उतार रही है। कलश कांप रहा है, इधर-उधर खाली होने के कारण टकरा रहा है। कह रहा है - 'अरी! निर्दये!'

कूप के तल तक पहुंचा। पानी से भर गया। भारी हो गया। पूर्ण हो गया। ऊपर उठने लगा। कलश ने कहा - 'हे दयामयी! तुमने मुझे कितना सहारा दिया है। यह बंधन नहीं, यह अवलंब है, यह संबंध है। प्रेम का यह रज्जु-बंधन मेरे लिए उत्थान है।'

कलश ऊपर उठता गया - उठता गया - प्रकाश की ओर। पनिहारिन ने उसे खाली कर दिया और रिक्त पात्रों को भर दिया। कलश ने कहा - 'मैं नवजीवन देकर धन्य हूं। कृतार्थ हूं। मैं चाहता हूँ- 'इसी प्रकार नीचे उतरूं, डूबूं, भरूं, तिरूं, खाली होता रहूं। जीवन (जल) देकर नवजीवन पाता रहूं।'

ऐसा आवागमन क्या किसी निर्माण से, मुक्ति से कम है! संसार हेतु शत बार सहर्ष मरें हम।'

अंत में पोल खुलती है

जो जहर खाएगा, वह चाहे कितना ही छिपाए, मरेगा। जो जैसा करेगा, उसका फल भोगना पड़ेगा - अबेर चाहे सबेर।

उघरहिं अंत न होइ निबाहू।
कालनेमि जिमि रावन राहू॥

(मानस - १, ६/६)

अंत में पोल खुल जाती है। जैसे कालनेमि साधु का ढोंग छिपा न सका, हनुमानजी के हाथों मारा गया। साधुवेशधारी रावण - आखिर में राक्षस ही निकला। देवता बना राहु - गर्दन कटाकर राहु बना व धड़ केतु।

भगवान् की तेज आँखें लाखों लाखों सूर्यों, उपग्रहों, दूरबीनों व खुर्दबीनों को मात करती नकली असली का भेद खोलती रहती है।

चोर चुराई तूमड़ी,
दाबै जल के मांय।
बौ दाबै बा निकलै
करणी छानी नाय॥

चोर ने तुंबी की चोरी की। उसे पानी में दबाकर रखा। चोर तो दबाता है, पर वह तुंबी निकल पड़ती है। करणी - छिपी नहीं रहती।

सच्चाई की तेज किरणें सबको भेद देती हैं। स्मरण रहे - आंधी बोओगे तो बवंडर की फसल काटने के लिए तैयार रहो।

'बोवै बीज बबूल का, आम कहां से होय।' यही सार है। कर भला, हो भला। इस हाथ दे, उस हाथ ले।

प्रचण्ड कर्म में अकर्म की साधना - कृष्णत्व

महाभारत का तुमुल संग्राम। जयद्रथ वध का प्रसंग है। अर्जुन कौरवों की सेना को प्रलयंकर बनकर संहार करने में लगे हैं। रथचालक भगवान् ने कहा - 'अर्जुन! घोड़ों के शरीर से आग निकल रही है। तू शीघ्र ही वरुणास्त्र का प्रयोग करके धरती से जल गंगा निकाल, पर युद्ध में ढील न हो।'

अर्जुन ने वरुणास्त्र का प्रयोग किया। जलधाराएँ धरती से निकलीं। कृष्ण ने अपने दोनों हाथों से घोड़ों को नहलाना शुरू किया। घोड़े कहीं रथ चलाना बंद न कर दें, इसलिए चारों घोड़ों की लगामें दांतों में मजबूती से दबाई और थोड़े मुड़कर अर्जुन को प्रोत्साहित करते रहे। घोड़े कहीं भटक न जाए तो चाबुक को मुकुट में खोंसा, ताकि उसकी छाया, से घोड़ों को चाबुक तने हुए का भ्रम हो।

घोड़ों को विद्‌युत् वेग से नहलाना, लगाम थामना, चाबुक को ऊपर ताने हिलाते रहना, पीछे मुड़कर उत्साहित करना, कर्म की इस प्रचंडता के मध्य प्रशांत महासागर की तरह अक्षोभ्य (निस्तरंग) रहना - यही कर्म में अकर्म की साधना है। इसमें भी कृष्णत्व है।

जो करेगा सो भरेगा

कबिरा तेरी झोंपड़ी
गलकटियन के पास।
जो करेगा सो भरेगा
तू क्यों होत उदास॥

यही जीवन का नग्न सत्य है। हम जहां रहते हैं, वहां विरोधों का बवंडर उठता रहता है। न प्रोत्साहन, न प्रेरणा केवल अवरोध, प्रत्याख्यान एवं तिरस्कार!

संत कबीर ने इन्हें 'गलकटियन" कहकर सारा कह दिया है। गला काटने को तैयार तेज छुरी लिए। इनके बीच रहना है। उपाय क्या है?

संत तो मस्त फकीर हैं, अभय हैं - वे जानते हैं 'जो करेगा, सो भरेगा।' पर, साधारण व्यक्ति तो न इतना विश्वास रखता है और न मुकाबिले की हिम्मत। विरोध करना चाहिए। पर, अकेला विरोध करने का साहस भी जुटा नहीं सकता। उसके लिए चाहिए - मेल, संगठन और एकता।

यही एकता बल है, यही बचाव का कवच है। तिनके कितने कमजोर होते हैं - पर इन को बंटकर जब रस्सा बनाया जाता है तो उससे मदोन्मत्त गजराज भी बाँधे जा सकते हैं। फिर उदास होने की जरूरत नहीं।

निर्मल बुद्धि में क्रोध - शूरता

अक्रोध का मतलब क्रोध का न करना नहीं है। इसका मतलब है ऐसे क्रोध को धारण न करो - जिससे अपनी व दूसरों की हानि हो। हां, विवेक के साथ क्रोध हो तो ऐसा क्रोध आवश्यक है। क्रोध के साथ विवेक का अंकुश हो तो क्रोध क्रोध नहीं रहता - वह तेज में बदल जाता है।

महाभारत में कहा है -

'यस्तु क्रोधं समुत्पन्नं प्रज्ञया प्रतिबाधते।
तेजस्विनं तं विद्वांसो मन्यन्ते तत्त्वदर्शिनः।

- वन पर्व

विवेक से नियंत्रित क्रोध का नाम है - तेजस्विता। तत्त्वदर्शी ऐसे क्रोध करने वाले को तेजस्वी कहते हैं।

ऐसी तेजस्विता की मनुष्य के लिए बहुत जरूरत है। तेजस्वी व्यक्ति भीतर से कोमल होता है, ऊपर से कठोरता धारण करता है। दुष्टों का दमन करने और पीड़ितों को अत्याचार से मुक्त करने के लिए तेजस्विता दिखानी पड़ती है। तेजस्विता ही शूरता है (क्रूरता नहीं)। यही निर्भयता की जननी है।

क्रोधोअपि निर्मल धियां रमणीयतास्ति।

निर्मल बुद्धि में क्रोध भी कल्याणकारी होने से रमणीयता प्राप्त करता है।

हमारी प्रार्थना है

तेजोऽसि तेजो मयि धेहि।
मन्युरसि मन्युं मयि धेहि।

यजुर्वेद, २९/९

तू तेजस्वी है, मुझे तेज दे।
तू मन्यु वाला है, मुझे मन्यु दे।

मन्यु का अर्थ क्रोध नहीं है। जो क्रोध विवेकयुक्त है, पुण्य के लिए है, तल में करुणा लिए है - ऊपर से क्रोध सा है। काका कालेलकर ने इसके लिए पुण्य-प्रकोप शब्द गढ़ा है। क्रोध - केवल आग है, मन्यु - प्रकाश है, तेज है।

जो देता है - वह देवता

सीखना हो तो कहीं से भी सीख सकते हो। इनकों देखो - आलू को, प्याज को, मूली को, गाजर को, कंदमूल को - अपने को अपनी असली संपदा को जमीन में गाड़ कर रखते हैं, छिपाते हैं - लोग इनको जड़ से उखाड़ कर निर्मूल करके छोड़ते हैं। सही है - जो धन को छिपा कर, गाड़ कर, अपने लिए ही रखते हैं - उनका धन हर लिया जाता है।

पर, जो महावृक्ष आम जैसे - बाहर फलों को रखते हैं, सबको देते हैं, लुटाते हैं - वे प्रति वर्ष फलों से झुके रहते हैं और संसार को तृप्त करते हैं। इसी प्रकार जो संग्रह करते हैं - देने के लिए। वे संग्रह करके भी अपरिग्रही हैं, निर्लोभ हैं।

रघुवंशी देने के लिए ही संग्रह करते थे - यही आर्य चरित्र है।

अग्रघ्नुराददे सोऽर्थम् - रघुवंश

(वे लोभ रहित होकर (देने के लिए) धनोपार्जन करते थे।)

जो स्वकेन्द्रित, स्वार्थी है- अपने लिए इकट्ठा करता है - वह गीताकार की दृष्टि में स्तेन (चोर) है और अघी (पापी) भी।

(अ) स्तेन एव सः (गीता, ३-१२)

(आ) भुञ्जते ते त्वघं पापा (गीता, ३-१३)

जीवन का अर्थ है - देना, वही देवता है।

व्यवहार का सत्य भी 'सत्य'

कहावतें बनती हैं - उनके पीछे जीवन के हजारों खट्टे-मीठे अनुभव हैं, तब वह नवनीत की तरह लोक मानस पर तैरती हैं।

एक ओर संत हैं - जो पानी में पड़े बिच्छू को दयावश निकालते हैं, वह संत को काटता है। काटने के कारण संत हाथ को संभाल नहीं पाते, बिच्छू पानी में फिर गिर जाता है। संत अपना काम जारी रखते हैं। और बिच्छू काटने का।

एक आदमी यह तमाशा देखता है, वह संत को उसकी नासमझी के लिए टोकता है। संत का उत्तर 'बिच्छू जब अपने स्वभाव को नहीं छोड़ता तो मैं अपने स्वभाव को क्यों छोडूं?'

पर, व्यवहार का सत्य भी एक सत्य है। वह सत्य पारमार्थिक परम सत्य से कम महत्त्वपूर्ण नहीं।

'लातों के देव बातों से नहीं मानते।' इसके पीछे अनुभव की ऊष्मा है। अनेक बार क्षमा श्रीहत हो जाती है तो फिर याद आते हैं - 'शठे शाठ्यं समाचरेत्' के रूप में।

नीतिकार का कथन है-

'उपदेशो हि मूर्खाणां प्रकोपाय न शान्तये।
पयः पानं भुजंगानाम् केवलं विषवर्धनम्॥

मूर्खों (दुष्टों) को उपदेश देना उनके क्रोध के लिए है, शांति के लिए नहीं। सांपों को दूध पिलाना - केवल उनके जहर को बढ़ाना है।

अतः समझदार वह है जो साम के महत्व को समझे - शांति से काम ले, पर साथ ही दान, दंड और भेद की राजनीति को भी सँभाले रहे।

शस्त्र भी - शास्त्र भी; शाप भी, शर भी! जीवन समन्वय का साम है- न कि एक तान का तनाव।

प्रदीप की खोज

भगवान् के जेतवन में विहार करते समय विशाखा उपासिका की सहायिकाएं सुरा पीकर धर्मोपदेश सुनने के लिए भगवान् के पास गई और धर्मसभा में बैठकर उपदेश सुनने लगीं। उपदेश को सुनते-सुनते उनमें से कइयों ने सुरा में मत्त हो उठ कर नाचना, गाना, ताली पीटना शुरू कर दिया।

भगवान् देखते रहे, शांत स्थिर मुद्रा में। थोड़ी देर में वे शिथिल होकर गिर पड़ीं।

बुद्ध ने कहा - तुम लोगों को आते समय प्रमत्त होकर नहीं आना चाहिए, प्रत्युत राग आदि अग्नि को शांत करके आना चाहिए।

भगवान् ने गाथा कही - 'जो नित्य जल रहा है, तो हंसी कैसी? आनंद कैसा? अंधकार से घिरे तुम प्रदीप की खोज क्यों नहीं करते?

कोनु हासो किमानंदो निच्चं पंचलिते सति।
अंधकारेन ओनद्धा पदीपं न गवेस्सथा।

ढाई हजार वर्ष पुरानी यह गाथा आज भी सच है। संतो के प्रवचन होते हैं, जो श्रोता जाते हैं- वे अपने गर्व को लेकर जाते हैं, पद का मद, धन मद और सांसारिक तृष्णाओं की आग।

ये प्रवचन के शिविर भी गरीबी अमीरी के रोग से त्रस्त हैं? वह दिन कब आएगा - जब सभी वहां एकभाव से - सहभाव से पहुंच कर ज्योति की किरणें प्राप्त करेंगे।

नर हो न निराश करो मन को

कितनी हारों से गूंथा है,
मैने मेरा यह विजय-हार।

संसार का इतिहास हजार-हजार मुखों से इस सच्चाई को चिल्ला चिल्ला कर कह रहा है - 'विजय यों ही नहीं मिलती, कितनी ही बार पराजय का, हार का, मुँह देखना पड़ता है।

आदमी को निराश नहीं होना चाहिए। एक बार असफल हों, कोई बात नहीं, फिर प्रयत्न, फिर प्रयत्न - यही जीवन है। यही इतिहास है और महा पुरुषों का संदेश है।

पाषाण खंड को जब प्रतिमा का रूप दिया जाता है तो क्या एक ही बार छेनी चलती है, हथौड़ा 'ठक-ठक' करता है। जिसे हम विफलता समझते हैं, वे सफलता तक, मंजिल तक जाने की सीढ़ियां हैं - इन्हीं से गुजर कर सफलता के प्रासाद-शिखर पर आरोहण किया जाता है।

नर हो न निराश करो मन को
कुछ काम करो, कुछ काम करो।

यही गीता का अमर संदेश है -

तुम्हें केवल कर्म का, शुभ कर्म का, करणीय कर्म का अधिकार है, और फल? फल पर नहीं।'

पर, सत्य तो यह है - कर्म के भीतर से ही फल पदे-पदे फलित हो रहा है - यही तत्त्व दृष्टि है।

दो - अनमोल बातें

एक राजा शिकार खेलने गया। अचानक एक सुनहरी चिड़िया उसके हाथ लग गई। वह चिड़िया मनुष्य की वाणी में बोल उठी - 'राजन्! आप मुझे छोड़ दें तो मैं आपको चार अनमोल बातें बताऊंगी।' राजा इस चिड़िया की मानवी बोली सुनकर चकित हो गया और कहने लगा - 'चिड़िया! तू कोई देवदूत है, ऐसी स्पष्ट मानव वाणी मैंने किसी पक्षी से प्रथम बार सुनी हैं।'

राजा ने चिड़िया को छोड़ दिया।

चिड़िया पेड़ की डाल पर फुदकने लगी। उसने कहा - 'राजन्! पहली बात है -'जो हो जाए, उसके लिए कभी पछताना नहीं।' राजा ने कहा - 'ठीक है, अच्छी बात बताई। दूसरी?' चिड़िया - 'असंभव बात पर विश्वास न करना।' राजा ने इसे सुना और विचार कर कहा - 'हां यह बात महत्त्व की है। तीसरी? चिड़िया ने कहा - 'तीसरी अभी नहीं - पहले मैं तुमको पूछ रही हूं, सुनो। तुम ने मुझे छोड़कर मूर्खता की है, नासमझ! मैं प्रतिदिन एक लाल उगलती हूं। कितना लाभ तुम्हें मिलता, पर अब पछतावे होत का, चिड़िया चुग गई खेत।' राजा - यह तो बड़ी भारी भूल हो गई। जन्मभर पछतावा-रहेगा।' चिड़िया - 'राजन् तुम ने पहली बात भुला दी। जो काम हाथ से हो जाए, फिर उसके लिए पछताना ठीक नहीं। फिर तुमने यह कैसे मान लिया कि मैं लाल देती हूं। यह असंभव नहीं है क्या? पहले इन दो को समझो यों कहकर वह चिड़िया उड़ गई।

जो जस करहिं सो तस फल चाखा

'**प्र**भो! शीघ्र जाना है मुझे! चरणों में प्रणाम!' यह प्रथम अवसर था, जबकि पवन पुत्र जल्दी में थे और जरा क्षुब्ध भी। भगवान ने कहा - 'आज तुम क्षुब्ध क्यों हो?' हनुमान - 'आप आज्ञा दें तो सब सुधार दूं, अकड़ को मिटा दूं।' श्रीराम - 'देखो, तुम तो धरती पर मेरी कथा सुनने के अधिकारी हो। बीच में और कुछ न करना।' हनुमान - वहां आजकल कई संस्थाएं झूठी हैं, झूठा काम करती हैं। आज तक वहां संस्थाएं चालू हैं - 'भगवती सीता कष्ट निवारिणी सभा' 'हनुमान शोषण विरोधिनी परिषद', 'बंदर घाव मरहम सभा', ऊर्मिला सहायता कमिटी' राम - 'ये सब नाटक हैं।' हनुमान - 'नाटक नहीं, असली खेल हैं। जैसी लंका थी, वैसी ही छोटी - छोटी लंकाएं चारों ओर हैं। लंका अभी जिंदा है। सहायता के नाम से अभी तक अरबों रुपयों को खा रहे हैं।' लेकिन भगवान राम प्रशांत, मुस्कराते रहे।

श्री हनुमान धरती की ओर पवनवेग से -साकेत नगरी की ओर उड़ चले। केवल तुलसी की चौपाई की एक अर्द्धाली गूंज रही थीं -

"जो जस करहिं सो तस फल चाखा"

लेकिन, कब! इसी का उत्तर देना है - इतिहास को। चाहे न्यायालय से या जाग्रत जन चेतना से।

सदाचारी ही अधिकारी

'एक बार एक तंग रास्ते पर काशीराज और कोसलराज दोनों के ही रथ आमने-सामने आ गए। अब बिना रास्ते से एक ओर हटे दूसरे रथ को निकलने की गुंजाइश न थी।

काशीराज का सारथी - 'मेरे रथ पर महाराज काशी नरेश हैं, तुम रास्ता दो, हम निकल जाएं।' 'नहीं-नहीं, तुम रास्ता छोड़कर हटो। तुम्हें रास्ता देना चाहिए, क्योंकि मेरे रथ पर कोसल के राजा बैठे हैं।' दूसरे सारथी ने कहा।

'जो अवस्था में छोटा हो, वह बड़े को जाने दे।' दोनों को यह बात पसंद आई। पर कोई हल न निकला, क्योंकि दोनों राजाओं की अवस्था समान थी।

फिर यह तय हुआ कि जिसका राज्य बड़ा हो, वह पहले निकले। पर, कोई हल न निकला, क्योंकि दोनों का राज्य तीन सौ योजन था, समान था।

'जो अधिक सदाचारी हो, उसे प्रथम निकलने का अधिकार है।' इस पर दोनों सारथी सहमत हो गए।

कोसलराज के सारथी ने बताया था, मेरे राजा भले के साथ भला और दुष्ट के साथ दुष्टता का व्यवहार करते हैं। यह इनका महान् गुण है।'

काशीराज के सारथी ने कहा, 'तब तो मेरा रथ ही निकलेगा, क्योंकि मेरे राजा सदव्यवहार से ही दूसरों के दुर्गुणों को जीतते हैं।'

इस पर कोसलराज ने स्वयं काशीराज को मार्ग दे दिया।

यह सांझ उषा का आंगन

ये संत हैं - कभी हंसते हैं, खूब खिलखिला कर और कभी दुनिया की उलटी चाल देखकर चकित होते हैं - करूणा से भरते हैं और रोते भी हैं।

यह रोना - विश्वमंगल की भावना से ओतप्रोत होता है - जिसकी पटभूमि पर हँसी के फव्वारे फूटते हैं।

यह सांझ उषा का आंगन,
आलिंगन विरह-मिलन का,
चिर हास अश्रुमय आंगन,
रे इस मानव जीवन का।

कबीर हंसते भी हैं, रोते भी हैं -

चलती चाकी देख कर
दिया कबीरा रोय
दो पाटन के बीच में,
साबुत बचा न कोया

इस का उत्तर कबीर के सपूत (कपूत नहीं) कमाल ने दूसरे पूरक ढंग से दिया -

चलती चाकी देख कर
रहा कमाल ठठाय।
जो कीली को धरि रहा,
सो साबत बच जाय॥

- सत्य को पूरा पकड़ना तभी संभव है, जिसे कई कोणों से देखा जाए।

चलती को गाड़ी कहे,
सार वस्तु को खोया।
रंगी को नारंगी कहे,
देख कबीरा रोया।

ये अनमोल आंसू धरती को हरा रखते हैं।

नीरस रसा न हो, इसी से नीर देती हूँ।

पृथिवी का एक नाम है रसा - इसमें दोनों रस हैं - अमृत रस और अश्रु रस!

बन्दों की सेवा – प्रभु-सेवा

एक दुकानदार शाम के समय अपनी दूकान पर बैठा रोकड़ मिला रहा था। रोकड़ में कमी रही, चार पैसे की। पर, प्रश्न रोकड़ का था। वह तन्मय होकर, सब कुछ भूल कर काम में लगा रहा। अंधेरा हो चला, उसने रोशनी की। मोमबत्ती के उजाले में बैठा रोकड़ मिलाता रहा। बाद में भूल निकल आई। पसीना पोंछ कर आंखें ऊपर उठाई। सामने-गुरुदेव खड़े थे। वह शर्मा गया, पैरों पर पड़ा, क्षमा मांगने लगा - 'गुरुदेव! क्षमा करें, मैं काम में लगा था। आप कब से खड़े हैं? धृष्टता के लिए क्षमा करें।' गुरुदेव - मैं? 'मैं तो एक घंटा से खड़ा हूं, मुझसे क्षमा मांगने से क्या होगा! एक और भी तो वर्षो से खड़ा है, तेरे द्वार पर! उससे क्या कहकर क्षमा मांगेगा?'

दुकानदार - 'वे कौन हैं गुरुदेव!'

गुरु - 'मूर्ख! बूढ़ा हो चला है, प्रभु तेरे द्वार पर खड़े हैं - उनसे मिला नहीं। अब जाग, उनसे बात कर।' प्रभु से बात करने का तरीका है - बंदों की सेवा। यही पूजा पाठ है।

गुरुदेव ने बहुत बार कहा होगा। वह दूकान से उठा और कहने लगा - 'गुरुदेव! मैं आज रात को जगा हूँ। अब यह जीवन है -बंदों की सेवा के लिए। यह दूकान जाने और मेरे पुत्र!'

अच्छी बातें सुनें, पढ़ें - न जाने किस क्षण जीवन बदल जावे!

जो किसी के काम न आवे, उससे वह ऊंट अच्छा है, जो कांटे खाता है और लोगों का बोझ उठाता है।

सीढ़ियां रूढ़ियां न बनें

आनंद तो सर्वत्र व्याप्त है। समस्या आनंद की नहीं, आनंद को शुद्ध करने की है। एक आदमी शराब पीता है, आनंद आता है - फिर उसे लगा कि उस आनंद में कमी है, बाद में टूटन होती है। उसने शराब छोड़ी और वह आ गया - मिठाई खाने में। फिर देखा - मिठाई में भी गड़बड़ी है तो प्राकृतिक चिकित्सा के कारण उसने अपनाया फलाहार को। यदा-कदा भोजन छोड़कर उपवास में आनंद लेने लगा। बाद में खुद भूखा रहकर भूखे को खिलाने का रस लेने लगा।

आनंद को शुद्ध किया जाए - इसी से परमानंद की यात्रा संभव है। माँ का आनंद खुद को भूखा रहकर बच्चे को खिलाने में है। आनंद त्याग में है। छोड़ते जाने में है। ऊपर आरोहण में है।

इसीलिए विश्वकवि रवि बाबू ने गाया -

'पारबि ना कि जोग दिते एई छंदे रे,
एई खसे जाबार भेसे जाबार भांबारइ आनंदे रे।

- क्या तू इस आनंद के छंद में योग नहीं दे पाएगा? गिर जाने, फेंक देने, छोड़ देने, बह जाने के आनंद में तू योग नहीं दे पाएगा?

जहां पकड़ा, वहां डूबे। जहां छोड़ा - वहां तिरे!

अपने स्व को पाने के लिए - अपने स्वरूप में आने के लिए छोड़ने की प्रक्रिया जारी रहे - यही साधना है। सीढ़ियां जब रूढ़ियां बन जाती हैं तो प्रगति रूक जाती है। साधना सिद्धि के लिए सोपान है। कम्पास लक्ष्य नहीं - लक्ष्य के लिए एक इशारा!

चेत सके तो चेत

'धोखे ही धोखे डहकायो!'

भजन की यह एक टेर है - 'धोखे ही धोखे में ठगाता रहा, उसी के छलावे में जिंदगी गुजर गई।'

यह तो भजन की टेर है; टेक, ध्रुवपद - पर, जिंदगी का तो यही अंत है न!

बेचारा तोता - सुरज्ञानी (अज्ञानी) तोता सेमल के लाल फूल पर लुभा गया। प्रतीक्षा में रहा - 'अब खिला, अब खुला - मेरा मुंह अमृत जैसे स्वाद से' इतने में कली चटकी, भीतर से सफेद रूई उड़ गई, तोता गश खाकर गिर पड़ा।

'उड़ गई तूल ताँवरों आयो।'

पर, एक हम हैं - भजन की यह टेर गाते हैं - भजन की अंतिम कड़ी तक - वैसे ही धोखे में ठगाते हैं। गाने का सुर संभालते रहे, खुद संभले नहीं।

तोते को गश आया। पर, हम फिर बार-बार लुभाते हैं, सोचते हैं 'पाणी पीतां पीतां कस निकलेगा।' पर, कहीं कुछ नहीं निकलता।

'चेत सके तो चेत' यही संतों की चेतावनी है। 'अब पछताये होत का, चिड़िया चुग गई खेत।'

हजार उदाहरण, हजार कथन; पर करणी बिन कथनी, 'निर्गन्धा इव किंशुका:।' बिना गंध का टेसू का फूल! काश, कोई किरन हमें कभी तो जगावे!

सत्य का मार्ग - सीधा

असत्यवादी अपने लिए अनेक खिड़कियां रखता है। एक नहीं तो दूसरी खिड़की से निकल जाता है और मानता है 'मैं कैसा होशियार?'

हकीकत में अपने लिए बड़ी खड्डी खोदता है, जिसमें वह पड़ता है।'

(गांधी के विचार ७-६-४५ सन्) ।

पर, लगता है-बापू को अपने विचार पूरे नहीं लगे। आधे अधूरे, निराशाजनक, नकारात्मक - शायद निंदात्मक, जिनसे संत का क्या लेना देनां।

इसीलिए दूसरे दिन इसी की टूटी कड़ी को संवारा बापू ने -

'उससे उलटा, सत्यवादी सब खिड़कियां बंद करता है या कहो उसके पास न दीवाल है न खिड़की। आंख मूंद कर भी वह सीधे रास्ते पर जा सकता है। कभी खड्डे में गिरता ही नहीं।'

(सन् 8-6-45 के 'रोज के विचार')

संत का मार्ग एक है; सीधा है, प्रशस्त है, प्रभामय है। इसलिए गोपियों ने कहा - उद्धव से

'काहे को रोकत मारग सूधो।
सुनहु मधुप! निरगुण कंटक तें राजपंथ क्यों रूँधो।

सत्य का मार्ग - राज मार्ग! 'जहां नेकु सयानप बांक नहीं।' जहां न जरा सी होशियारी और न जरा सा बांकपना।

गर्व चूर करने के लिये कृपा

हनुमानजी लंका दहन कर लौट रहे थे। उन्हें समुद्र-लंघन, लंका-दहन और सीता-अन्वेषण का गर्व हो गया। दयालु भगवान् ताड़ गए। रास्ते में हनुमानजी को प्यास लगी। महेंद्राचल पर दृष्टि दौड़ाई। एक मुनि दीख पड़े। हनुमानजी ने सरोवर के लिए पूछा। मुनि ने हाथ के इशारे से बता दिया। हनुमानजी ने कहा - 'यह चूड़ामणि और यह ब्रह्माजी का पत्र आप रख लीजिए - मैं लौटकर ले लूंगा।' मुनि ने कमंडलु में डालने को कहा। हनुमानजी वैसा कर पानी पीने सरोवर की ओर चले गए।

लौटकर मुनि से कमंडलु के विषय में पूछा। मुनि ने रखे हुए कमंडलु की ओर इशारा किया। हनुमानजी देखते हैं कि वहां तो हजारों एक-सी चूड़ामणियां रखी हुई हैं। मुनि ने बताया कि तुम्हारे जैसे न जाने कितने ही युगों में बंदर आते रहते हैं और चूड़ामणियां रख देते हैं, अपनी पहचानो और ले जाओ।' हनुमानजी चकित हो गए पूछने लगे 'क्या रघुवर भगवान् राम के वे दूत होते हैं?'

मुनि - 'हां, रे हां! राम क्या एक बार आते हैं, ऐसी लीला तो अनंत बार होती है।'

हनुमानजी उदास चल पड़े। भगवान् राम के पास आए। देखा, उनके हाथ में चूड़ामणि है और ब्रह्मा का पत्र भी!

भगवान् राम ने कहा - 'हनुमान! चकित न हो, वह मुनि मैं ही था। तुम्हारा गर्व चूर करने के लिए यह लीला की थी।'

हनुमान - 'कृपालु प्रभो! त्राहि माम् त्राहि माम्। प्रभु की अहैतुकी अनुकंपा इसी प्रकार गर्व भंग कर भक्तों की रक्षा करती है।

देना ही जीवन

देवता के तीन अर्थ हैं - जो देता है, वह देवता। जो चमकता है वह देवता और जो चमकाता है - वह देवता। भारत विश्व का सबसे अधिक कृतज्ञ राष्ट्र है। जहां से भी मिला, उसे देवता कह कर पुकारा और श्रद्धा से झुका। सूरज प्रकाश देता है, चमकता है, चमकाता है - अतः सूर्य हमारे लिए देवता है। अर्घ्य के रूप में हम श्रद्धा निवेदित करते हैं। चंद्र देवता, वर्षा बरसाने वाला इंद्र देवता। फल फूल छाया देने वाला वृक्ष देवता और तो और नाग भी देवता। 'नाग देवता' के मानने में भय मात्र हो, ऐसा नहीं। आज की परिस्थिति के संतुलन चिंतन में हमें लगता है - संसार में जो भी हिंसक हैं, विषैले हैं, वन्य हैं - सभी आवश्यक हैं, सभी उपयोगी हैं। सभी का होना - विश्व के अस्तित्व के लिए अनिवार्य शर्त है।

सारी प्रकृति एक ही पाठ पढ़ाती है - देना ही जीवन है। 'जो देवै वो देव, नहीं तो भींत को लेव।' हम चाहे दे न सकें, फिर भी इतना तो कर सकते हैं, लेते समय विनम्र बनें। रास्ते में चाहे फूल न खिला सकें, पर काँटे तो न बिखेरें। एक दो कांटे हटा सकें तो इसे भी जीवन की धन्यता समझें।

माना कि इस जमीं को गुलशन न कर सकें हम,
कुछ खार कम कर दिए हैं, गुजरे जिधर से हम

(खार - काँटा)

'उल्टाजप': भोग से योग की ओर

कहते हैं वाल्मीकि ने 'राम राम' का उल्टा जप 'मरा मरा' किया - इससे वाल्मीकि 'महर्षि' बन गए। 'उल्टा जप' क्या होता है, इसे हम नासमझी से उल्टा समझ रहे हैं। 'उल्टा जप' यह संतों की, फक्कड़ों की भाषा है - जिसका अर्थ है कि यदि हमें अपने को पाना है तो हमारी यात्रा जो भोग की ओर है, कंचन, कामिनी, कादंब (मदिरा) और कीर्ति की ओर है - इन चार ककारों से अपने को उलटना होगा - इस बहिर्मुखी यात्रा को मोड़ना होगा - हमें परिधि से केंद्र की ओर यात्रा करनी होगी।

इसी यात्रा को हम अंतःयात्रा कहते हैं, इसी का नाम है - उल्टा जप। महर्षि पतंजलि ने इसे प्रत्याहार कहा है - जिसका अर्थ है - बाहर के फैलाव को समेट कर भीतर की ओर उन्मुख करना। तभी हमारे चित्त प्रवाह की धारणा-धार-एकाग्र होगी जो परिपक्व होकर ध्यान और समाधि बनेगी।

हमारे लिए 'उल्टा जप' का अर्थ है- स्वार्थ को छोड़ें, अहंकार को छोड़ें, मोह ममता को छोड़ें। अधिकारों के शोर से हटकर यदि हम कर्तव्य की ओर मुड़ें तो यही 'उल्टा जप' राष्ट्र के लिए आवश्यक है।

आज के संदर्भ में यदि 'उल्टा जप' को इतना ही इस रूप में समझ सकें तो हम इतिहास के लिए एक परिवर्तन बिंदु बन सकेंगे।

प्यास के बिना पानी की खोज

प्यास जगाते नहीं और पानी की खोज में जीवन अकारथ खो देते हैं। रोम-रोम में जब प्यास जगती है तो कुंआ खुद प्यासा बन प्यासे की प्यास बुझाने दौड़ा आता है।

हमें साधन चाहिए। हमारे पास साधन नहीं तो हम क्या करते! हम रोते पैदा होते हैं, शिकायतें करते जीते हैं और कलपते मरते हैं। यही हमारी नियति है! ना, यह हमारी अकर्मण्यता, भीरुता, क्लीबता और पुरुषार्थ हीनता है।

साधन नहीं, न सही; आओ - साधना जगावें। साधना हमारी संपदा है। जो हमें वरदान रूप में मिली है। साधना की अलख जगावें। फिर विराट् शक्ति की उपासना! साधना और उपासना के बल पर साधन यों खिंच आवेंगे - जैसे चुंबक से लोहा! हम स्वयं पारस हैं, जिस कुधातु को छू देंगे, वही स्वर्ण बन चमक उठेगी।

अब शेष है - आराधना! आराधना है साधनहीनों के पास जाना, उनको आराध्य मानकर उनके लिए सर्वस्व समर्पण! यही शरणागति है।

साधना और उपासना - यदि लोक संग्रह न बने - आराधना में अनुवादित न हो तो समझो किनारे पर आई नाव डूब गई। तरण उद्देश्य है तो स्वार्थ रूप है - तरण - तारण यही जीवन की सिद्धि है। तैरता तो तिनका भी है। पर धन्य है - तरणी (नौका) जो पार लंघाती है।

सही समय पर सही निर्णय

अमेरिका के एक प्रसिद्ध उद्योगपति से किसी ने पूछा - 'आपकी सफलता का रहस्य क्या है?' उसने कहा - 'सही समय पर सही निर्णय लेने की क्षमता ने ही मुझे सफलता के शिखर पर चढ़ाया है। सही निर्णय का आधार है - अनुभव। अनुभव का आधार है - गलत निर्णय।

मैंने अनेक बार गलत निर्णय लिए। गलत निर्णयों से हानि उठाई। इससे अनुभव हुए, कटु अनुभव हुए। इनसे सही निर्णय लेने की क्षमता जागी। गलती के बिना कोई आदमी कैसे सीख सकता है!

गलतियां करो, बार-बार करो; पर, उसी गलती को दो बार मत करो - यही सफलता का गुर है।'

ये हैं - जीवन के अनुभव, गहरे तजुर्बे! किसी बुद्धिमान से पूछा - 'तुम्हें बुद्धिमान् किसने बनाया?'

उसके दो उत्तर थे -

(क) मुझे मेरी गलतियों ने समझदार बनाया।

(ख) मुझे मूर्खों ने समझदार बनाया। यानी जब मैं देखता कि कोई मूर्ख गलती कर हानि उठा रहा है

तो मैं उधर से अपने को बचाता रहा।

आग में हाथ जलाकर सीखना अच्छा है, पर बुद्धिमान वह है - जो दूसरों को हाथ जलाते देखकर भी अपने को बचावे। तभी इतिहास प्रगति करता है - नहीं तो दुहराता है।

समय - अनमोल

समय का मूल्य? वह बहुमूल्य है, ना, वह अनमोल है। मूल्यों में समय को खरीदने जैसा बनाना - समय को बाजार में रखना है। समय तो जीवन है, जीवन की सार्थकता है। समय को बर्बाद करना - तिल-तिल कर मौत को बुलाना है। कण गया, धरती गई; बिंदु गया, सिंधु कहां, क्षण खोया तो समय गया यानी जीवन अकारथ।

एक साल का कितना मोल व महत्व है - उन छात्र-छात्रों से पूछो जो फेल हो चुके हों।

एक महीना का मोल क्या है-उस मां से पूछो - जिसके अठमासिया बच्चा हुआ हो।

एक सप्ताह की महिमा उस संपादक से पूछो - जो साप्ताहिक पत्र का संपादक हो।

एक दिन का महत्व उस दैनिक मजदूर से पूछो - जिसे काम न मिला हो!

एक मिनट का मूल्य उस व्यक्ति से पूछो - जो किसी इसी मिनट के बल पर किसी दुर्घटना से बचा हो और एक मिनट के उस हजारवें हिस्से की महिमा को आंको - जिसके कारण कोई धावक (दौड़ने वाला) स्वर्ण पदक से वंचित होकर रजत पदक तक रह गया हो।

जीवन से प्यार हो तो समय के क्षण-क्षण से अपने खजाने को भरो।

क्योंकि समय किसी का इंतजार नहीं करता। फिर तो यही कहते हाथ मलेंगे -

आछे दिन पाछे गए, किया न हरि से हेत।
अब पछतावे होत का, चिड़िया चुग गई खेत॥

हक की रोटी

एक राजा के यहाँ संत आए। प्रसंग वश बात चल पड़ी। राजा ने पूछा, 'महाराज! हक की रोटी कैसी होती है?' महात्मा ने उत्तर दिया - 'आपके नगर के किनारे एक बुढ़िया रहती है। उसके पास तुम्हारे प्रश्न का उत्तर है। उससे मांगो - हक की रोटी।'

राजा पता लगा कर बुढ़िया के पास पहुंचे और बोले - 'माता! मुझे हक की रोटी चाहिए।'

बुढ़िया ने उत्तर दिया, 'राजन्, मेरे पास एक रोटी है, पर उसमें आधी हक की है और आधी बेहक की।'

राजा - 'आधी बेहक की कैसे?'

बुढ़िया - 'मैं चरखा कात रही शी। शाम का वक्त था। अंधेरा हो चला था। इतने में उधर से एक जुलूस निकला। उसमें मशालें जल रही थीं। मैं अपनी चिराग न जला कर उन मशालों की रोशनी में कातती रही और आधी पूनी कात ली। आधी पूनी पहले ही कती थी। उस पूनी को बेचकर, उन पैसों से आटा ले आई। फिर रोटी बनाई। इसलिए आधी रोटी हक की है और आधी बेहक की। इस आधी पर मेरा हक नहीं, उस जुलूस का हक है।'

राजा इस उत्तर को सुनकर अवाक् रह गया। बुढ़िया के चरणों में अपना सिर झुका कर वह लौट आया।

अति परिचय से अवज्ञा

अबुहरैरा हर रोज मुहम्मद मुस्तफा साहब के दर्शन के लिए जाया करते थे। पैगंबर साहब ने कहा - 'अबूहरैरा! तुम रोज-रोज न आया करो। इस तरह रोज आने से मोह बढ़ जाना संभव है। देखो, सूरज रोज आ जाता है तो सब उसका महत्त्व नहीं जानते। जब वह जाड़े में छुपा रहता है तब लोग उसको कितना चाहने लगते हैं।'

किसी से मिलने-जुलने में कोई हानि नहीं है, लेकिन बारंबार मिलना-जुलना ठीक नहीं कि जिससे किसी को यह कहना पड़े कि 'बस, रोज न आया करो।' अगर तुम अपने तई दुरुस्त रखोगे तो किसी को तुम्हारी मलामत करने की जरूरत न होगी।

अति परिचयादवज्ञा।
अति गमनादनादरो भवति।

ज्यादा परिचय से अवज्ञा होती है। बार बार जाने से अनादर होता है।

इसलिए हमें खुद ही अपने पर पहरा रखना चाहिए।

शेख सादी ने फरमाया है -

यदि तू अपनी निंदा स्वयं करता रहेगा, अर्थात् अपने ऐबों पर नजर रखेगा, तो दूसरों को तेरी निंदा करने का अवसर न मिलेगा।

अगर खेश्तन रा मलामत कुनी।
मलामत न बायद शुनदिन जेकस॥

न्याय की तुला सीधी रहे

दिल्ली का बादशाह गयासुद्दीन बाण से निशाना लगाने का अभ्यास कर रहा था। अचानक एक बाण एक बालक के लगा और वह वहीं ढेर हो गया। बालक की माँ प्रधान काजी सिराजुद्दीन के पास रोती हुई गई। काजी ने दूसरे दिन आने के लिए कहा।

न्यायी काजी ने बादशाह के पास संदेश भेजा और हत्या के अभियोग के कारण अदालत में हाजिर होने को कहा। बादशाह साधारण वेश में वहां पहुँचा। काजी अपनी ज़गह बैठा रहा। बादशाह सामने खड़ा हो गया। बादशाह ने अपना अपराध स्वीकार किया। बालक की माँ से माफी माँगी। काजी ने कहा - 'यदि यह तुमको माफी देती है, यह तुमसे सुलह करती है तो आगे विचार होगा।' बालक की माँ ने सुलहनामा पेश किया। काजी - 'अब इस बुढ़िया का सारा खर्च चलाना पड़ेगा।' बादशाह ने यह सब मंजूर कर लिया।

इसके बाद वह काजी अपने आसन से उठा और उसने बादशाह को झुक कर सलाम किया। बादशाह काजी पर बहुत खुश हुआ और कहने लगा, 'काजी साहब! यदि तुम न्याय नहीं करते और मेरे डर से न्याय से चूक जाते तो इस कटार से - जिसको मैं छुपा कर लाया था - तुम्हें कत्ल कर देता। पर, तुम पक्के इंसाफ करने वाले हो, तुम्हारा रुतबा बढ़ाया जाएगा।' काजी ने भी न्यायासन के पास पड़ा बेंत उठाया। वह बोला - जहांपनाह! अच्छा हुआ, आपने न्यायालय का सम्मान किया और अपराध स्वीकार कर लिया। आप तनिक भी हील हवाला करते तो यह बेंत अपराधी की चमड़ी उधेड़ देता।'

सचमुच न्याय सबसे श्रेष्ठ है। न्याय से बढ़कर कोई नहीं। न्याय-तुला का सीधा रहना स्वर्ग है, न्याय-तुला का लोहे और सोने के सामने झुकना नरक है।

सत्संग का पुण्य - तप के पुण्य से भारी

किसी समय महर्षि वसिष्ठ विश्वामित्र के आश्रम में पहुंचे। विश्वामित्र ने उनका स्वागत किया और एक हजार वर्ष की तपस्या का पुण्य अर्पित किया। कुछ समय पश्चात् जब विश्वामित्र वसिष्ठ के आश्रम में गए तो उन्होंने आधी घड़ी के सत्संग का पुण्य अर्पित किया।

विश्वामित्र बड़े खिन्न हुए, सोचने लगे - कहां तो मेरा हजार वर्ष व्यापी तप का फल और कहां आधी घड़ी का पुण्य! वसिष्ठ ताड़ गए, कहने लगे - 'चलिए, कहीं से निर्णय करा लें कि किसने किसको अधिक दिया है।'

दोनों महर्षि ब्रह्मा के पास गए - निर्णय के लिए ब्रह्मा ने टाला - 'मैं सृष्टि की रचना में इतना व्यस्त हूं कि आपके प्रश्न का उत्तर देना कठिन है, थोड़ी शांति मिले तभी उत्तर संभव हैं। आप लोग विष्णु के पास जावें।' विष्णु ने कहा - 'मैं तो तप के अनुभव से दूर हूं। निर्णय करने की योग्यता त्तो शिव में है।' शिव - 'मैंने हलाहल का पान कर रखा है, तब से मेरी स्थिति निर्णय देने के अनुकूल नहीं। केवल शेषनाग ही निर्णायक होने के योग्य हैं क्योंकि वे पृथ्वी के धारण करने के रूप में तप भी करते रहते हैं और हजार मुखों से ऋषियों को सत्संग का लाभ भी देते रहते हैं।' दोनों शेषनाग के पास पहुंचे। शेषनाग ने कहा - 'प्रश्न कठिन है, आप में से कोई मेरा भार हलका कर दे, जिससे मैं स्वस्थ होकर निर्णय दूं।' विश्वामित्र - 'मैं एक सहस्त्र वर्ष का तप अर्पित करता हूं, हे पृथ्वी! तू जरा आकाश में स्थिर हो जा।' धरती टस से मस नहीं हुई! वसिष्ठ - 'मैं आधी घड़ी सत्संग के पुण्य को अर्पित करता हूं, पृथ्वी देवी कुछ क्षण गगन में अवस्थित हो जा।' महर्षि वसिष्ठ ने संकल्प किया और पृथ्वी शेषनाग के फणों से ऊपर उठकर निराधार स्थिर हो गई।

अब निर्णय करने कराने को कुछ रहा ही नहीं। विश्वामित्र - 'ऋषिवर्य! आप का पुण्य महत् है।'

तो गणराज्य सदा सुरक्षित

भगवान बुद्ध वज्जी संघ की शासन प्रणाली और एकता से प्रभावित थे। और उनकी घोषणा थी -जब तक ये सात बातें वज्जी गणराज्य में हैं, उनका कोई भी नाश नहीं कर सकता।

1. बुद्ध - 'आनंद, क्या तूने सुना है कि वज्जी सम्मति के लिए बराबर बैठक करते हैं?'

   हां, भंते!

2. बुद्ध - 'आनंद, क्या तूने सुना है कि वज्जी एक ही बैठक करते हैं, एक ही प्रयत्न करते हैं और एक ही करणीय कार्य-कर्तव्य को करते हैं?'

   हां, भंते!

3. बुद्ध - 'आनंद, क्या तूने सुना है कि वज्जी अप्रज्ञप्त (गैरकानूनी) को प्रज्ञप्त (विहित) नहीं करते और कानूनी को गैरकानूनी नहीं बनाते?'

   हां, भंते! ।

4. बुद्ध - 'आनंद, क्या तूने सुना है कि वज्जियों के जो महल्लक (वृद्ध) हैं उनका वे सत्कार करते हैं, पूजते हैं और उनकी बात मानते हैं?'

   हां, भंते!

5. बुद्ध - 'आनंद, क्या तूने सुना है कि वज्जी लोग कुल-स्त्रियों और कुल-कुमारियों को जबर्दस्ती छीन कर नहीं बसाते।'

   हां, भंते!

6. बुद्ध - 'आनंद, - क्या तूने सुना है कि वज्जी जो चैत्य (चौरा, देवस्थान) हैं, उनका सत्कार करते हैं। दान की परंपरा को रखते हैं और पहले की गई प्रतिज्ञाओं को निभाते हैं?'

   हां, भंते!

7. बुद्ध - 'आनंद, क्या तूने सुना है कि वज्जी लोग अर्हतों (पूज्यों, विद्वानों, कलाकारों) की पूजा करते हैं, उनके लिए सुख के विहार बनाते हैं?'

   हां, भंते।

गणराज्य सदा सुरक्षित है, शर्त है, एकता हो, फूट न हो, एक मत हो, एक सा पुरुषार्थ हो, परंपरा का सम्मान हो, पूज्यों की पूजा हो।

आत्म-स्वीकार ही आत्म-विकास

हम जहाँ हैं, जैसे हैं, उसे सहर्ष स्वीकार करें - यही आगे बढ़ने का पहला मंगलसूत्र है।

परिस्थितियों को स्वीकार करना केवल भक्तिभाव की बात नहीं, न कवि का कल्पना विलास है। यह मनोविज्ञान और व्यक्तित्व विकास एक अनमोल सिद्धांत है।

'विधाता ने जो प्रसाद तुम्हारी अंजलि में रखा है, उसे हार्दिक कृतज्ञता से स्वीकार करना चाहिए। सृष्टि की कतार में तुम्हारे आगे-पीछे खड़े हुए दूसरों के हाथ में विधाता ने कितना दिया है उस ओर ईर्ष्या की दृष्टि डाले बिना जो है, उसे स्वीकारो और फिर आगे बढ़ने का रास्ता तलाशो।' (फादर वालेस)

आत्म-परिचय, आत्म-स्वीकार, आत्म-विकास - यही प्रगति के सोपान हैं। जो बैल जुते नहीं है, उन्हीं से खेती करनी है। ठीक ऐसा ही हमारा हाल है - मन और देह की जैसी भी जोड़ी हमारे पास है, उसी को हांक कर जीवन की क्यारी को सुधारना है।

अपने को ठीक से जानो, इसे सहर्ष स्वीकारो और फिर आगे बढ़ने का रास्ता ढूंढो। न मिले तो नया बनाओ।

ठोकर लगेगी, फिसलोगे - इसे भी स्वीकारो - जैसे हम विजय को स्वीकार करते हैं।

जैसे विजय को स्वीकार करने की कला होती है - उसी प्रकार हार को भी मुस्कराते हुए स्वीकारना कला है। यह कला हस्तगत न हो तो जीवन का खेल आनंद के स्थान पर चिंता व दुःख में पलट जाता है।

आत्म स्वीकार ही आत्म विकास का आधार है।

प्रशंसा के शिकार तो नहीं हो रहे हो

अंग्रेजी के प्रथम निबंधकार बेकन ने हमें चेताया - "सावधान - तुम कहीं प्रशंसा के शिकार तो नहीं हो रहे हो - मतलब गांठने के लिए मनुष्य बहुधा झूठी तारीफ करता है, उसे सावधानी से सुनो। खुशामद ही इनके लिए आमद है।'

प्रशंसा करने वाला यदि धूर्त हुआ तो तुम को भरमा देगा। तुम जितने हो, उससे अधिक अपने को प्रशंसनीय मानकर अपने को छलोगे।

प्रशंसा करने वाला यदि धृष्ट और निर्लज्ज हुआ तो वह तुम्हारी कमजोरियों को प्रशंसनीय गुणों का नाम देगा; अपनी न्यूनता को अभी तुम समझते रहे हो, उनको भी गुणों का नाम देकर उनको पक्का कर देगा।

कभी-कभी महा पुरुष प्रशंसा करते हैं - उन्हें यह समझकर सुनिए कि ये गुण हम में हैं नहीं - इन गुणों को पाने के लिए यह उपदेश देने का ढंग है।

द्वेष बुद्धि वाले तारीफ करते हैं - वे चारों ओर हमारे लिए नए-नए ईर्ष्यालु बनाते फिरते हैं।"

तो क्या हम अपने मुँह से तारीफ करें, मियां मिट्ठू बनें। ना, आत्म श्लाघा (प्रशंसा) का अर्थ है - आत्महत्या!

सच तो यह है कि जब से संसार बना है-तब से अभी तक स्तुति कन्या को वर मिला ही नहीं, वह कुंआरी है। क्योंकि सत्पुरुष कीर्ति चाहते नहीं और असत्पुरुष कीर्ति के लिए ललचाते हैं तो कीर्ति इनको ठुकराती है।

कीर्ति 'कुमारी' ही रह गई - आज तक 'अद्यापि दुर्निवारं स्तुति कन्या वहति कौमारम्।'

- आर्या सप्तशती।

आगे भी कीर्ति का विवाह होता दिखता नहीं - चाहे ढेरों अभिनंदनों का अंबार हो।

भार को सम्मान दो

नेपोलियन महान् सम्राट होने के अनंतर एक महिला के साथ पेरिस में घूमने निकले थे। वे एक पतले रास्ते से जा रहे थे। महिला कुछ कदम आगे चल रही थी। सामने से एक मजदूर भारी भार लादे आ रहा था। महिला को अपने कुल, धन व पद का गर्व था और इस समय तो वह सम्राट के साथ होने से और भी गर्वीली हो रही थी। एक मजदूर के लिए वह रास्ता क्यों देने लगी। बीच मार्ग में वह ऐसे चली जा रही थी, जैसे मजदूर को उसने देखा भी न हो।

सम्राट नेपोलियन मार्ग से एक ओर हट गए और हाथ पकड़ कर उन्होंने महिला को खींचा - 'मैडम! भार को सम्मान दो।'

'भार को सम्मान दो' यह वाक्य क्या हमें कर्तव्य बोध के लिए जगा नहीं रहा है! जिनके कंधों पर घर का, परिवार का, समाज का या राष्ट्र का भार है, उनके प्रति हम यदि आभार प्रकट करना सीख लें तो समझिए हमने उनके भार को फूल-सा हल्का कर दिया है। यदि सम्मान प्रकट करना शुरू कर दें तो अच्छाई शतसहस्त्र गुना फैलने लगेगी। पर, हम अभी न कृतघ्नता से उबर पा रहे हैं और न सम्मान प्रकट करने के महत्त्व को ही हृदयंगम कर रहे हैं। 'भार को सम्मान' देने का अर्थ है - राष्ट्र के प्रगति-पथ को प्रशस्त करना।

स्वाभिमान हो, अभिमान नहीं

एक निर्धन आदमी फटे हाल होने पर भी अमीरों की जी-हुजूरी नहीं करता था।

एक बार एक अमीर आदमी ने उससे पूछा, 'मैं धनवान हूं। तुम मेरी खुशामद क्यों नहीं करते?' उसने जवाब दिया, 'तुम अपना धन मुझे थोड़े ही दे रहे हो। मैं तुम्हारी खुशामद आखिर क्यों करूं?'

'अच्छा, अगर मैं अपना बीस फीसदी धन तुम्हें दे दूं, तो क्या तुम मेरी खुशामद करोगे?'

'नहीं, तब मैं अपने को अन्याय का शिकार समझूंगा और तुम्हारी खुशामद नहीं करूंगा।' 'अगर मैं अपने धन का आधा हिस्सा तुम्हें दे दूं तो?' 'तब भी नहीं। तब मेरा दर्जा तुम्हारे बराबर हो जाएगा। ऐसी हालत में मैं तुम्हारी खुशामद क्यों करने लगा।'

'अगर मैं अपना पूरा धन तुम्हें दे दूं, तो क्या करोगे?' 'तब तो मैं खुद भी अमीर बन जाऊंगा। ऐसी हालत में तुम्हारे तलवे सहलाने की जरूरत ही क्या रह जाएगी?'

उक्त संवाद में निर्धन व्यक्ति के मुँह से मनुष्य -की गरिमा व महिमा की व्यंजना हुई है। यह मनु पुत्र का स्वाभिमान है, अभिमान नहीं है।

मिथक - जीवन के सहचर

हम पुरातन मिथकों को सुनते हैं, पढ़ते हैं - तब हमारी दो तरह की प्रतिक्रियाएँ होती हैं। कभी हम उन्हें मिथ्या कहकर अलग हट जाते हैं या कभी अंध श्रद्धा के साथ सिर झुका लेते हैं। पर, हम भूल जाते हैं कि ये मिथक हमारे जीवन के सहचर हैं, हमारे लिए प्रेरक और उद्बोधक।

हमारी कामना ही कामधेनु है, हमारा चिंतन ही चिंतामणि है और हमारी कल्पना हीं कल्पतरू है, कल्प वल्लरी है। मनुष्य जीवन में हमारी कामनाएँ ही जीवन के विविध आविष्कारों में सुख-सुविधा के विपुल सामग्रियों में और प्रचुर परिमाण में कारू-शिल्प में मूर्तिमान हैं। हमारा चिंतन नूतन विचारों, दर्शनों और बौद्धिक सरणियों में चिर जाग्रत है और हमारी कल्पना - चारु कला व कविता जैसी विविध सर्जनात्मक विधाओं में नित नूतन रूप में नटी की तरह नर्तन करती हमें रिझाती हैं।

हमीं अगस्त्य है; जो ज्ञान के अथाह वारिधि को श्रवण, मनन व निदिध्यासन के तीन चुल्लुओं में अशेष पी जाते हैं और मेघ बन कर उसे वितरित करते हैं।

ये पुराण कथाएं चट्टान की तरह चिरंतन और बुदबुदे की तरह चिर नूतन हैं। 'ओल्ड एज राक एंड न्यू एज फोम।'

'मैं दुष्टों के कटु वाक्यों को सहन करुंगा'

भगवान् के कौशांबी में विहरते समय मागन्दिय ने नगर वासियों को घूस देकर, तथागत व भिक्षु संघ को गाली आदि देकर भगा देने के लिए तैयार किया। वे भिक्षुकों को देखकर - 'तुम लोग मूर्ख हो, चोर हो, ऊँट हो, बैल हो, गधे हो, पशु हो।' आदि कह कर अपमानित करने लगे। आनंद स्थविर ने भगवान् के पास जा वंदना कर कहा - 'भंते! नगरवासी हम लोगों को गालियाँ देते हैं, यहां से दूसरी जगह चलें।'

'कहां आनंद?'

'भंते! दूसरे नगर को।'

'वहाँ मनुष्यों ने गालियां दी तो कहां जाएंगे?'

'भंते। वहाँ से भी दूसरे नगर को चलेंगे।'

'आनंद! ऐसा नहीं करना चाहिए। जहाँ पर विवाद उत्पन्न हुआ है, वहाँ उसके शांत होने पर दूसरे स्थान पर जाना चाहिएं। आनंद! कौन अपशब्द कहते हैं?'

'छोटे-बड़े सभी अपशब्द कहते हैं।'

'आनंद! जैसे संग्राम भूमि पर गया हाथी चारों दिशाओं से आए हुए बाणों को सहता है, उसी तरह बहुत से दुष्टों द्वारा कही हुई बात को सहना हमारा कर्तव्य है।'

अहं नागोव संङ्गामे चापतो पतितं सरं।
अति वाक्यं तितिक्खिस्सं दुस्सीलो हि बहुज्जनो॥

जैसे युद्ध में हस्ती धनुष से चलाए हुए बाणों को सहता है, वैसे ही मैं दुष्टों के कटु वाक्यों को सहन करूंगा।

प्यारे घर की तलाश में हम

प्रश्न है - आप कहां रहते हैं? घर में, धर्मशाला में या होटल में? साधारणतः हमें यह प्रश्न अटपटा लगेगा, व्यर्थ लगेगा और मूर्खतापूर्ण भी!

पर, आज के संदर्भ में इस प्रश्न का महत्त्व है। क्योंकि इस प्रश्न के उत्तर में - भारत छिपा है, हमारी संस्कृति छिपी है, क्योंकि यहां से हमारी पहचान की तलाश है।

हम जहां रहते है, उसे भीतर से जांचना है, परखना है और वहीं से उत्तर पाने का उपक्रम करना है।

यदि हमारे घर में रहने वालों के मन में पैसे का महत्त्व है, पैसे कमाने वाले की और उसके बच्चों की हैसियत बढ़ोतरी पाती है - तो यह घर 'स्वाहा' हो गया है और यह होटल बन गया है। घर गया, यानी भारत का गार्हस्थ्य जीवन गया - यानी रामायण गई, 'मानस' दूर हुआ - फिर, हम किसी महाभारत के आदि पर्व में फँस गए हैं।

और यदि हम अपने घर के किसी सदस्य की अयोग्यता या सामाजिक अव्यवस्था के कारण उसके निर्वाह को 'दया' रूप मान रहे हैं तो हमने 'घर' के प्रेम को जला दिया है और दया को फैलाकर 'धर्मशाला' बना दिया है।

अभी समय है, देर जरूर हो रही है-हम 'घर' को धर्मशाला और 'होटल" न बनने दें।

सभी को मिले, सब मिले, प्यार मिले; आदर मिले, श्रद्धा मिले, स्नेह मिले और एक दूसरे के लिए करने की स्पर्धा बढ़े - तभी 'घर' है। घर प्यारा है, थकान का विश्राम है, प्रेरणा का स्रोत है, विफलता पर मरहम है, ऊर्जा की बुनियाद है। घर हमारा घोंसला है। 'विश्वनीड' बने यह भारत का उद्घोष है, महोच्चार है।

'कफस के सामने बर्क कुछ इस तरह चमकी कि नजर में फिर गई तस्वीर आशियाने की।' - 'हाय! पिंजर के सामने बिजली कुछ इस तरह कौंध गई कि आँखों के आगे घोंसले की प्यारी तस्वीर तैरने लगी।'

बालाओं का बल

आमेर के विख्यात महाराजा जयसिंह ने कोटा की राजकुमारी के साथ विवाह किया। उस राजबाला का स्वभाव, उसका आचरण और वेश अत्यंत सरल और आडंबर हीन था। पर आमेर के अंतःपुर में बहु मूल्य आभूषण और रंग बिरंगे वस्त्र पहनने का रिवाज था। कोटा की राजकुमारी विलासिता प्रिय न होकर वीर स्वभाव की थी। वह सदैव स्वच्छ और सादगी से रहती थी। एक बार महाराजा जयसिंह ने कहा, ' कोटा की राजरानियों की अपेक्षा हमारे यहां की नीच जातियों की स्त्रियां भी अच्छे, सुंदर और रमणीक वस्त्र और आभूषण पहनती हैं।' कुछ देर पश्चात् एक कांच का टुकड़ा लेकर रानी के पहने कपड़ों को काटने लगे। उस वीर बाला ने चट से उछल कर तलवार उठा ली। और गरज कर बोली -

'संभालिए महाराज! मैंने जिस कुल में जन्म लिया है, वह राजवंश कदापि इस प्रकार घृणा और उपहास के योग्य नहीं है। यदि विलासिता चाहते हो तो वारांगनाओं के पास जाओ और मुगलों के चौखटे चूमो। आमेर के राजकुमार कांच के टुकड़ों को चलाने में इतने चतुर नहीं है, जितनी कोटा की राजकुमारी, तलवार चलाने में निपुण और प्रवीण है।'

विलासी राजकुमार भौंचक्का हो कर कांप उठा। इतना कह सका, 'देवी! क्षमा करो। तुम्हारे जैसी वीर बालाओं के बल पर ही आर्य जाति का गौरव बचा है, नहीं तो हमारे जैसे विलासी तो कभी का इसे रसातल में पहुंचा चुके होते।'

वीर आर्य बाला ने तलवार रख दी। और कुसुम-सी कोमल होकर मंद स्मित करती हुई नवीन सुषमा लिए चमक उठी।

जीवन के तीन 'गुर'

एक मरते हुए बाप ने अपनी इकलौती बेटी को समझाया और जीने व आगे बढ़ने के तीन 'गुर' दिए -

'ठीक है, तुम देखने में वैसी खास नहीं हो, न तुम्हारा वंश ही नामी-गिरामी है। तुम्हारे पास पैसे भी नहीं हैं। फिर भी मैं विरसा में तुम्हें सादे-से तीन नियम दे रहा हूं। अगर पालन करोगी तो संसार तुम्हारे कदम चूमेगा।

(1) पहला नियम है 'लोगों' से कभी डरना नहीं। हमें डर लगा रहता है, 'लोग' क्या कहेंगे, 'लोग' क्या करेंगे, 'लोग' यह पसंद नहीं करते, 'लोग' वह पसंद नहीं करते।

(2) दूसरा नियम इससे भी महत्व का है। कभी भी बेजान चीजों का संग्रह नहीं करना। तुम समझती हो, तुमने उन्हें जमा किया है, असल में वे तुम्हें जमा कर लेती हैं।

(3) तीसरा नियम है - सब से पहले अपने पर हँसना सीख लेना। अगर तुम अपने पर हँसना सीख लोगी, तो दूसरों का तुम्हारे लिए हँसी उड़ाना बेकार हो जाएगा। यह एक सुनहरा कवच है। पहने रहना।

यदि हमारे पास बढ़ने के लिए बाहरी साधन एवं सुविधाएं न हों - तो भी यदि हम संकल्प करें, व्रती बनें, नियमों के दीप हाथ में लिए आगे बढ़ें तो राह के पत्थर हमारे लिए सोपान बन सकते हैं।

बाधक बातें प्रकारांतर में साधक बन जाती हैं।

स्वच्छता मिलती है प्रवाह से

कल कल करती हुई नदी बही जा रही थी। पास ही था एक गड्ढा जिसका पानी सड़ रहा था और दुर्गंधित हो रहा था। उसने नदी से पूछा - 'मेरी प्यारी बड़ी बहिन! तुझे सभी चाहते और मुझ से घिन करते हैं - 'ऐसा क्यों?'

नदी - 'संसार में कोई किसी को नहीं चाहता। सब में स्वार्थ भरा है! कोई किसी के काम आवे, यही चाहना है।

मैं रात दिन बहती हूं - सर्दी गर्मी में एक सी, पहाड़ों से टकराती बहती हूं। हरीभरी भूमि हो, चाहे गांव हो, शहर हो - मैं विश्राम नहीं करती।

प्रगति व प्रवाह का पथ अपनाने से मेरा मानस स्वच्छ व निर्मल बना है। मेरी हर बूंद का सदुपयोग हो - यही मेरी आकांक्षा है।

पर, तू प्रवाह हीन है, स्थिर है, जड़ है, सीमा में घिरा है - यही तेरी पीड़ा है।'

गड्ढे के मुँह से निकली मर्मभेदी वाणी - 'मेरे त्राण का कोई पथ है?'

नदी 'है - तू छोटे-छोटे प्राणियों को तृप्त कर। सूरज की तेज किरणों में तप, भाप बन, उड़, बादल बन और फिर जल बनकर बह! जल या तो कुएँ का बन, या नदी का, या झरने का, या सागर का।'

स्वच्छता मिलती है - प्रवाह से, गहराई से, विशालता से या ऊंचाई से। चाहे यह कर्म बने, ज्ञान बने या ध्यान बने! नदी कर्म है। ज्ञान मान सरोवर है और ध्यान - कूप।

जीवन का अर्थ

गंगा नहायो न गोमती,
चढ्यो न गढ़ गिरनार!
बिणजारे है बैल ज्यूं,
गयो जमारो हार॥

यह पुराना अनुभव है। न गंगा में स्नान किया, न गोमती में। गिरनार गिरि पर भी न चढ़ा। मानव जन्म अकारथ ही खोया। बिणजारे का बैल जैसे कभी यहां, कभी वहां भार लादे मर जाता है, वैसे ही जीवन यों ही भटकते गया।

जीवन केवल भटकना नहीं, किसी सिद्धि के लिए है। पर, लक्ष्य को न जाने अंधों की तरह चलते हैं - निरुद्देश्य। या फिर वही जड़ रूटीन! सुबह उठना - शाम तक रोटी की तलाश; दूसरे दिन भी यही रसहीन चक्कर! लगता है - हम सिसिपस हैं - ग्रीक मिथक के। जो पसीने से तर होता हुआ कमर पर पत्थर लादे ऊपर चढ़ता है - फिसला। फिसल कर नीचे आ जाता है! किनारे पर जाकर भी किनारा न मिला। फिर दूसरे दिन सुबह से शाम तक इसी प्रकार शिला लिए ऊपर चढ़ना और अंत में शिला का फिसल कर नीचे आना!

जीवन घानी के बैल की तरह - 'घर ही कोस पचास'! जरा रुके - विचारें, सोचें। जीवन गति नहीं - प्रगति है! मात्र बहना जीवन नहीं - आगे बढ़ना, ऊपर उठना या ऊपर उठाने के लिए नींव का पत्थर बनना - इसी में जीवन का साफल्य है।

कदम-कदम सँभल-सँभल

आशा जीवन है पर कभी-कभी आशा के छलावे में हम जीवन के यथार्थ को भूल जाते हैं। और आशा के रूप में किसी दुराशा में, किसी मृग तृष्णा में, भटक जाते हैं - अटक जाते हैं।

'आशा बलवती राजन्।
शल्यो जेष्यति पांडवान्।'

जहां भीष्म का पता न चला, द्रोण भरम गया और कर्ण विमूढ़ हो 'मैं-मैं, तू-तू' में खो गया - वहां चंचलमति 'शल्य' है - किस खेत की मूली!

फिर भी 'आशा बलवती' का भ्रम पाला गया। व्यक्ति ही नहीं, समाज ही नहीं, राष्ट्र का राष्ट्र भटक जाता है - आशा की तृष्णा में!

बादलों को उमड़ते देखकर घड़ा फोड़ देने वाला इसी आशा की कुहेलिका में चकरा जाता है।

यद्यपि नीतिकार वृंद चेताते हैं -

'गागरि कैसे फोड़िए, उनवे देखि पयोद।'

समृद्धि के सपने में डूबे हम घर के ठोस यथार्थ को ठुकरा रहे हैं। 'ताक रहे हो गगन, देखो भू को, जीव प्रसू को'

हरित भरित मर्मरित भू को।' हम आकाश की ओर मुंह फाड़ रहे हैं और धरती से उखड़ रहे हैं।

ठीक, कदम आगे बढ़ें। हमारा एक पैर धरती पर जमा हो और दूसरा पैर आकाश की ओर! यही सम्यक् यात्रा का गुर है।

चिड़िया कितनी उड़े अकास
(पर) दाना है धरती के पास।

तुल्य निन्दा-स्तुति

यदि हम प्रशंसा चाहते हैं तो हमें निंदा से गुजरना होगा। प्रशंसा की चाह, निंदा की पीड़ा का आमंत्रण है। प्रशंसा-निंदा यह द्वंद्व है, जो नित्य साथ है - यह जोड़ा है, एक युगल है। जैसे एक पन्ना दो पृष्ठों के बिना नहीं हो सकता, जैसे कोई सिक्का केवल चित या केवल पट नहीं होता - सिक्के के दो पहलू नित्य हैं, उसी प्रकार निंदा-स्तुति सदैव रहेंगे।

तो फिर मार्ग क्या है? मार्ग है - या तो दोनों में समत्व का भाव हो, दोनों स्वीकार्य हो। गीता का एक संदेश है - चाहे वह स्थितप्रज्ञ हो, चाहे वह भक्त हो, ज्ञानी हो या त्रिगुणातीत हो - उसे अनासक्त होकर इन द्वंद्वों के प्रति समत्व का विकास करना है।

तुल्य निंदा स्तुतिः

कर्मयोगी को लोक संग्रह की भावना से कर्म करना है, न वह प्रशंसा से प्रीत होकर कर्म करना बंद करता है और न निंदा से भीत होकर कर्मच्युत होता है। 'कोई निंदो कोई बिंदो' यही मीरा का मार्ग है। यही मार्ग है साधक का, कर्मयोगी का, ज्ञानी का। भर्तृहरि के शब्दों में - 'चाहे कोई नीति निपुण निंदा करे या प्रशंसा करे - इस ओर ध्यान न देकर धीर पुरुष न्याय-मार्ग से जरा भी विचलित नहीं होते।'

प्रवाह के साथ मर्यादा

विज्ञान ने हमें वेग दिया, पर साथ में उद्वेग भी! विज्ञान ने सुविधाएं दीं, सुख कितना कम, बहुत कम। सुख भोगने का समय नहीं। एक दौड़, बेतहाशा दौड़।

भारतीय संस्कृति में वेग के साथ विश्राम है। प्राप्ति के साथ संतोष है। गति और यति यही जीवन है। श्रम और विश्राम यही साधन है। उत्तेजना यूरोप है, उत्साह भारत है। सभ्यता यूरोप है, संस्कृति भारत है। भारत अपनी संस्कृति में मूलतः कवि (द्रष्टा) है, यूरोप अपनी सभ्यता में वैज्ञानिक है।

भारतीय जीवन धीरे-धीरे जीने का जीवन है। उसमें उद्वेग और आवेग नहीं, संतोष और शांति ही उसके मूल आधार हैं।

संतोष और निराशा एक नहीं है। जो हमें मिला है, धैर्य के साथ उसका उपयोग करें, उपभोग नहीं; जो हमें पाना है, उसके लिए धैर्य के साथ उद्योग करें। उद्योग 'हाय! हाय!' नहीं। हम पाने का उद्योग करें, उद्योग एक उत्कृष्ट योग है। जिसमें धैर्य और शौर्य दोनों है। एक मर्यादा है। मर्यादा भारतीय दर्शन है।

जितने प्रवाह हैं बहें, अवश्य बहें वे।
निज मर्यादा में किंतु सदैव रहें वे॥

यह धरती केवल हमारे लिए ही नहीं, 'औरों की भी भार धारिणी भरणी।' औरों का भी इसे भार उठाना है और उनका भरण-पोषण करना है। इस चेतना का ही नाम है - नागरिकता, मनुष्यता! फिर अधिकारों का केवल तुमुलनाद ही नहीं होगा, कर्तव्य की मधुर बांसुरी भी गुंजरित होती रहेगी।

गुरु - धोबी

एक बार गांधी जी बिड़ला भवन में ठहरे थे। नहाने के लिए गए तो देखा घनश्यामदास जी बिड़ला अंदर हैं। उनके बाहर आने पर गांधी जी नहाने गए। देखा, बिड़ला जी की गीली धोती पड़ी है। गांधी जी ने, धोती को पैर से हटा कर दूर नहीं किया। उसे धो डाला! स्नान करके गांधी जी अपनी धुली हुई लंगोटी और बिड़ला जी की धोई हुई धोती को सुखाने के लिए बाहर आए।

रस्सी पर सुखाने के लिए फैला रहे थे कि तेजी से बिड़ला जी आ पहुंचे। बोले - 'बापू जी! बापू जी!! आप यह क्या कर रहे हैं? आपने मेरी धोती क्यों धोई।' बिड़ला जी की वेदना का पार नहीं, लगा यह लापरवाही का एक दंड है, मीठा दंडा वे कुछ कह नहीं पा रहे थे।

गांधी जी ने कहा - 'भीतर पड़ी हुई थी, उस पर किसी के मैले पैर पड़ते। जीवन में स्वच्छता और सफाई के काम से बड़ा और कौन-सा काम है!' बापू का जीवन प्रमाण है - वे तो बराबर दूसरे के मैल को धोते रहे और अंत में गुलामी के सदियों पुराने मैल को साफ कर गए।

गुरु धोबी सिख कापड़ा जी
सुरत सिला पर धोइए, निकसत जोत अपार।

ज्ञान और कर्म

एक बार बापू ने बिनोबा से कहा, 'बा तुम से गीता सीखना चाहती है। क्या तुम समय दे सकोगे? १५-२० मिनट में हो जाएगा।

'जीं हां, मैं २४ मिनट सिखाऊंगा।

'२४ मिनट ही क्यों?'

बिनोबा ने कहा - 'सामान्यतः २४ मिनट ध्यान बना रहता है। उतने समय में ध्यान घटित हो जाता है, इसलिए उसको घटिका कहते हैं। २४ मिनट की एक घटिका (घड़ी) होती है, इसलिए उतना समय सिखाऊंगा।'

इस के आधार पर संत बिनोबा ने बा को गीता सिखाना शुरू किया। २४ मिनट-यानी एक घटिका। न २३ मिनट और न २५ मिनट - चौबीस का अर्थ केवल चौबीस।

बिनोबा और बा - दोनों समान। बिनोबा का मतलब है गीता का ज्ञान और गीता का कर्म - और 'बा' का मतलब गीता का कर्म-साकार मूर्तिमान!

बिनोबा ने गीता को सिखाना शुरू किया - १२वें अध्याय से, उसमें भी महत्त्व दिया होगा - **'अद्वेष्टा सर्वभूतानां मैत्रः करूण एव च।'**

गीता जयंती पर हम केवल उक्त एक पंक्ति को जीवन में चरितार्थ करलें - 'किसी भी जीव से द्वेष न रखना, सबके प्रति मैत्री-भाव और करुणा रखना।' तो सारी गीता स्वतः समग्र रूप से स्पन्दित हो जाएगी।

ये हाथ हैं - सिद्धार्थ

संसार एक प्रवाह है, इसमें कितने ही 'वाद' आए और काल के प्रवाह में बह गए। साम्यवाद, समाजवाद, पूंजीवाद के साथ आज द्वैतवाद, अद्वैतवाद - सभी पठन-पाठन के कोरे विषय हैं।

संसार में कोई वाद स्थिर है तो एक ही - वह है भगवान् वेदव्यास का 'पाणिवाद'। पाणिवाद - यानी हाथों से श्रम करना - इसे जो भी अपनाता है - वही टिकता है, आगे बढ़ता है। 'पाणिवाद' मानवीय पुरुषार्थ की श्रेष्ठता का नाम है। इंद्र के मुख से इसकी यह व्याख्या है - जिनके पास हाथ हैं, वे क्या नहीं कर सकते? जिनके हाथ हैं, वे ही सिद्धार्थ है। जैसे तुम धन चाहा करते हो, वैसे मैं पांच अंगुलियों वाले हाथ चाहता हूं।

अहो सिद्धार्थता तेषां येषां संतीह पाणयः।
अतीव स्पृहये तेषां येषां संतीह पाणयः॥
पाणिमद्भयः स्पृहास्माकं यथा तव धनस्य वै।
न पाणिलाभादधि को लाभः कश्चन विद्यते॥

(शांति पर्व, १८०/११, १२)

आइए हम किसी से याचना न करें। ईश्वर से भी नहीं, क्योंकि उसने हाथ दिए हैं। हम इन हाथों से मांगे - क्यों कि ये सिद्धार्थ हैं- क्योंकि ये कल्पतरु हैं, क्योंकि ये पारसमणि हैं, क्योंकि ये कामधेनु हैं।

प्रार्थना हो पुरुषार्थमयी

प्रार्थना में कभी लगता है; एक असहाय का, दुर्बल का, करुण क्रंदन है और कभी लगता है - एक दीन हीन भिखारी की मांगने की लंबी अंतहीन सूची है।

पर, प्रार्थना केवल अर्थना नहीं, वह 'प्र' यानी प्रकृष्ट अर्थना है - एक उत्कृष्ट चाहना है। सच्ची प्रार्थना में - पुरुषार्थ निहित होता है। विश्वकवि रवींद्र की यह प्रार्थना-हमारा पथ दीप है।

'विपत्तियों से मेरी रक्षा करो,
यह मेरी प्रार्थना नहीं है,
मैं विपत्तियों से डरूँ नहीं - बस;
मेरी रक्षा करो, यह मेरी प्रार्थना नहीं है,
मैं तैरने की शक्ति चाहता हूं;
मेरा भार हल्का करने की सांत्वना
मुझे नहीं चाहिए,
मैं भार वहन करके चलता रहूं।'

उपनिषद् वाणी का वज्र निनाद है- -

नायमात्मा बलहीनेन लभ्यः।

- यह आत्म तत्त्व बलहीन को प्राप्त नहीं होता। हमारी प्रार्थना-तभी अर्थवती होती है, जब उसमें संकल्प की ऊर्जा हो, कर गुजरने की बुलंदी हो।

तुम्हें पुकार रहा है राम

आज सभा मंडप में तीन चित्र टंगे थे। चित्र भद्दे से थे, किसी अनाड़ी के बनाए हुए थे। उनके नीचे शीर्षक विचित्र थे।

उपदेश सुनने के लिए लोग जमा हो रहे थे। एक चित्र था - बैल है और आगे गाड़ी है। शीर्षक है - भोगी। दूसरा चित्र था - गाड़ी के सामने बैल मुंह किए अड़ा - भिड़ा है। शीर्षक है - त्यागी! तीसरा चित्र था - गाड़ी में बैल जुता है और बैल सरपट दौड़ लगा रहा है। शीर्षक है - योगी।

महात्मा ने प्रवेश किया। लोगों ने जय जयकार किया।

महात्मा - आज का प्रवचन इन चित्रों के द्वारा होगा। देखो, यह चित्र है, जिसमें यह दिखाया गया है - बैल पीछे है और गाड़ी आगे है। यानी दुनिया के भोगियों का चित्र है, जो आत्मा को, नैतिकता और सद्‌गुणों को पीछे रखकर - शरीर पोषण में लगे हैं। ये लोग 'संतुष्ट शूकर' हैं! 'सेटिसफाइड पिग' हैं।

दूसरा चित्र है - त्यागी का! त्याग के नाम से अनेक लोग दुनिया के विरुद्ध खड़े होकर संसार की निंदा करने में लगे हैं। भोग क्षणिक हैं, दुनिया मिथ्या है - यों कहते जीवन से पलायन कर, जीवन से घृणा के रूप से चिपट कर, रह जाते हैं।

तीसरा चित्र है - योगी का। सच्चे कर्मयोगी का - जो जीवन, संसार, शरीर, मन, प्राण-सब को साधन सोपान बनाकर अपनी जीवन-यात्रा में अग्रणी है। जो संदेश देता है-

'यह जगत् नहीं है माया
यह है प्रभु की काया।'

या महाकवि गुप्तजी का संदेश सुना रहा है-

'लौटो भव विभवों में बैठा,
तुम्हें पुकार रहा है राम।'

किया सो काम

'किया सो काम, भज्या सो राम।'

बस, जीवन में इतनी ही बात है, जो कर डाला, वह कर डाला, नहीं तो आदमी रात दिन इसी में उलझा रहता है, जरा मौका आने दो, कर के दिखाएंगे। और कुछ नहीं कर पाता, समय बीत जाता है। कालबली आ घेरता है।

मन की इच्छाएं किसकी पूरी होती हैं। कितने बड़े-बड़े धीर धुरंधर, वीर बलवान हुए - जब चलते थे तो धरती कांपती और हवा पानी नौकरी बजाते।

और तो और - अहंकारी रावण भी अपनी मन की बातें मन में ही लिए, इच्छाओं को लिए, पछताता गया।

इसीलिए हमारे कवि चेताते हैं।

करना हो, कर डालो, आज नहीं, अभी, इसी क्षण! रावण भी चार बातें दिल में लेकर ही गया।

आज करे सो अबार,
करणी है सो कर परै।
रावण बातां च्यार,
चित में लेग्यो चकरिया॥

रावण की इच्छा थी - सागर को मीठा कर दूं, स्वर्ग के सीढ़ियां लगा दूं, सोने में सुगंध कर दूं और निर्धूम अग्नि कर दूँ।

ये इच्छाएं यदि पूरी भी हो जाती तो भी कामनाओं की नई आग धधकती।

हजारों ख्वाहिशें ऐसी कि
हर ख्वाहिश पे दम निकले।
बहुत निकले मेरे अरमां,
लेकिन फिर भी कम निकले॥

गालिब

जीवन में अंत में कहना पड़ेगा। 'संतोषी सदा सुखी।'

भगवान् गर्वहारी हैं

भगवान् गर्वहारी हैं। एक दिन रुक्मिणी ने पूछा - भगवान् कृष्ण से - 'आप आजकल बहुत कम भोजन करते हैं, क्या बात है?' भगवान् ने कहा - 'मैं लोगो का घमंड खाता हूं, अतः थोड़ी भूख बुझ जाती है।' धन का, बल का, ऐश्वर्य का - किसी का, कितना ही बड़ा गर्व हो मिटेगा, मिट कर रहेगा।

अभी भी तीन आए, इतिहास मे धमाका करते, धरती को डगमगाते। सम्राट नेपोलियन ने कहा - असंभव शब्द मूर्खों के कोष में है।' वही नेपोलियन एक नन्हें से समुद्री टापू के कारागार में रहा - अंतिम सांस तक।

मदान्ध मुसोलिनी कहता - 'युद्ध तो विश्व की अनिवार्य आवश्यकता है, शांति केवल युद्ध के बीच का विश्राम।' वही सीन्योर मुसोलिनी - युद्ध ने ही उसे समाप्त कर दिया।

आतंक का प्रतीक हिटलर जैसे एक हाथ में हथकड़ी और दूसरे हाथ में बम लेकर विश्व को कहता - 'हथकड़ी पहनो। मेरी परतंत्रता स्वीकार करो।' युद्ध की आग में वह कहाँ गया - कोई अता पता नहीं। विद्या है तो विवाद मत करो, ज्ञान का प्रकाश फैलाओ। शक्ति है तो पीड़ा मत दो, उसे रक्षा के कार्यों में लगाओ। धन है तो घमंड मत करो, लोक सेवा में अर्पो।

हमारे पास जो है - सब लोक सेवा में अर्पित है। नाव में पानी बढ़े, घर में धन बढ़े तो **'दोनों हाथ उलीचिए, यही सयानो काम।'**

शक्ति की गंगा भी छिपी है

शिवजी की जटाओं में गंगा थी। यह कैसा मिथक है, सारे भारत को आप्लावित करने वाली पुण्य सलिला भागीरथी जटाओं के जाल-जंजाल में छिपी थी। अविश्वसनीय-सी वर्णना है।

पर, है यह सत्य! हम लोग अपनी दुर्बलताओं को जानते हैं, जरूरत से अधिक जानते हैं। हम यदि न भी जानें तो भी चारों ओर का परिवेश हमें चिल्ला-चिल्ला कर कहता रहता है - 'तुम यह भी नहीं कर सकते, वह भी नहीं।' इस प्रकार हमारी कमजोरियां उभर कर हमें डराती हैं और जीवन संग्राम से भगाती हैं।

हमारे अंदर दुर्बलता ही नहीं, शक्ति कीं गंगा भी कोने में छिपी दुबकी पड़ी रहती है। यदि हम किंचिन्मात्र भी अपनी शक्ति को पहचानें तो वह हमारी विस्मृति की जटाओं से जब निकलती है तो उसे संभालना मुश्किल हो जाता है। हम स्वयं चकित से देखते हैं, यह शक्ति कहां छिपी पड़ी थी।

हम सभी शक्ति की गंगोत्री हैं, हम गोमुख बनें, गो की तरह करुण मधुर लोकोपकारक बनें - फिर अनायास ही नितनीरा शक्ति-गंगा की लोकपावनी धारा बहती रहेगी, बहती ही रहेगी - अविराम, अविश्रांत।

नित्य नूतनता का श्रृंगार

समुद्र के किनारे मेला लगा है। बच्चों की किलकारी और लहरों का निनाद - दोनों मिलकर कह रहे हैं - जीवन का अर्थ है - नित नया संगीत।

बच्चे मिलकर बालुका से घरौंदे बना रहे हैं। मिट्टी के नीचे अपने एक पैर को डालकर, पैर के ऊपर गीली मिट्टी रखकर - अपने हाथ से थपथपाकर उसे मजबूत कर रहे हैं, फिर धीरे से पैर निकाल कर - मिट्टी की छत के नीचे बने हुए पोले स्थान को इस तरह ललचाई आँखों से देख रहे हैं - जैसे कोई नई सृष्टि हो और ये उसके सर्जक विधाता हों।

अब मेला उठने का समय हो आया है। बच्चे अपने बनाए हुए घरौंदों को नाच कर मिटा रहे हैं और उल्लास से गा रहे हैं -

'म्हे ही रम्या, म्हे ही मिटाया
म्हे ही रम्या, म्हे ही डुबाया
म्हे ही रम्या म्हे ही भुजाण्यां

- हमने यहां रमण किया है, क्रीड़ा की है, हम ही इसे मिटा रहे हैं।

प्रश्न है - हम कुछ बनाते हैं, कुछ पाते हैं, उपलब्धि करते हैं और समझते हैं - ये शाश्वत हैं। फिर अपनी ही कृति के चारों ओर जीवनभर घूमते रहते हैं - फिर नया निर्माण नहीं करते। पर शिव, नया सृजन करने के लिए उल्लास में भर पुरानी नश्वर उपलब्धियों को ध्वस्त करते नृत्य करते हैं। जो राष्ट्र पुरानी बातों के इर्द-गिर्द चक्कर काटता है और जीर्ण-शीर्ण को मिटाकर उसे नया रूपाकार नहीं देता, वह राष्ट्र धीरे-धीरे इतिहास की बीती घटना - बन कर रह जाता है।

जीवन की पाटी पर जो भी लिखा गया है - वह अब धुंधला है और समय के संदर्भ में अपनी महत्ता खो चुका है, हम साहस बटोर कर - पाटी को निर्मल बनाकर नई इबारत लिखें - जो युग का शीर्षक बने।

नित्य नूतनता का श्रृंगार - यही प्रकृति की संस्कृति है।

दोषी की रक्षा करने वाला भी दोषी

राजा जनमेजय का सर्प-सत्र चालू है। ये नाग, ये सर्प समाज विरोधी हैं। पर, कठिनाई तब शुरू होती है जब ये नाग साधारण नहीं, प्रभावशाली तक्षक होते हैं, ये मिलते नहीं; इंद्र के सहारे उसके सिंहासन के पीछे छिप कर बचते रहते हैं। इनको बचाने में कभी पद, कभी धन, कभी आतंक लग जाते हैं, तब कठिनाई शुरू हो जाती है।

यज्ञकर्ता ऋषि ने हुंकार लगाई - कहां है 'तक्षक!' उसके 'स्वाहा' बिना यह नाग-यज्ञ अधूरा! पता चला - 'इंद्र के सिंहासन के पीछे।' ऋषि ने मंत्र का उच्चार किया - 'अरे इंद्र! या तो इस तक्षक को सौंप, नहीं तो तू और सिंहासन भी 'स्वाहा!' इंद्र डर गया और उसने तक्षक को खदेड़ा। इस तरह बचा - इंद्र!

पर, सवाल यह है, क्या इंद्र भी दोषी नहीं!

तो ऋषि को उच्चरित करना है-

'कहां है तक्षक, कौन है - इंद्र।'

- यदि इतिहास दुहराता है अपने को तो 'तक्षक स्वाहा!

यदि इतिहास आगे बढ़ता है तो 'तक्षक स्वाहा: इंद्र स्वाहा!" तभी नए जनतंत्र का अरुणोदय होगा।

उठो! जागो !!

जीवन संकल्प-विकल्प में गुजरता है। यही मन है। एक मन ने कहा - यह करूंगा (संकल्प); दूसरे ही क्षण दूसरे मन ने कहा - नहीं (विकल्प)। इसी हां-ना में निर्णय नहीं हो पाता। जीवन में कुछ कर गुजरना है तो संकल्प करना पड़ता है।

'मेरे विकल्प

संकल्प बने' - तो जीवन के जीने का सीधा पथ मिल जाता है।

भक्त संकल्प करता है-

'अब लौं नसानी, अब ना नसै हैं।'

अब तक मैंने नष्ट किया, अब नष्ट नहीं करूंगा। राम की कृपा से 'भव-निसा' संसार की रात बीत गई, मैं जाग गया हूं। अब नहीं सोऊंगा। जागा तो जागा। अब मोह की नींद, अज्ञान की तंद्रा, मद का प्रमाद - सब खत्म! भोर हो गया - नित्य का भोर। जागरण की सुनहरी किरणें झिलमिला रही हैं।

'उड़ जा नींद भंवर सैलानी
थोड़ा सा दिनां के तांईं कांई सोवै।'

- कमाली।

नींद उड़ जा; थोड़े से दिन हैं - जिंदगी के। क्या सोता है!

उपनिषद् का अमृत स्वर है-

उत्तिष्ठत जाग्रत

'युग युग से सोये प्राणियो। उठो, उठो। जागो, जागो।' कुछ करके गुजरने का शुभ संकल्प ही जागरण है। यही शिव संकल्प है।

'तन्मे मनः शिव संकल्पमस्तु।'

- वेद।

द्वार सदा ही खुले हैं

सूफी फकीर राबिया एक मस्जिद से गुजर रही थी। सालिक नाम का फकीर मस्जिद के द्वार पर दुआ में हाथ फैलाए कह रहा था - 'हे मालिक! दरवाजा खोल, कब तक पुकारूं! सिर पटक-पटक कर कह रहा हूं - द्वार खोल।'

राबिया ठिठकी, रुकी, उसने सालिक का कंधा पकड़ कर हिलाया और कहा - 'कहां द्वार बंद हैं, खुले हैं; द्वार सदा खुले हैं। बंद हैं तेरी आंखें; खोल आंख - चारों ओर नूर-ही-नूर झलमल है!'

ऐसा ही होता है जीवन में। अनेक गलत भ्रांतियां पाले हैं। सुबह कब होगी - यह प्रश्न बनता नहीं, प्रश्न हैं- आंख कब खुलेगी। जब जागे, तभी सवेरा।

हमें धीरज चाहिए, सांत्वना चाहिए, हम जो करते हैं - उसके लिए छल भरा शब्द चाहिए। इसी ओट में हम सुरक्षित समझते हैं अपने को।

कभी कहीं. ... - हम क्या करें - भाग्य के सामने किसका वश! समय ही ऐसा है। समाज ही बिगड़ा है। राजनीति का चक्कर है। यानी करेंगे - हम नहीं; दूसरे के माथे पर बदनामी का भांडा फोड़ना यही हमारी तलाश है। भगवान् राम ने इसीलिए अयोध्यावासियों को, ऋषियों-मुनियों को, सेठ साहूकारों को - इस बहाने सभी को चेतावनी के प्रखर स्वरों में कहा -

'सो परत्र दुख पावहू सिर धुनि धुनि पछिताइ।
कालहि कर्महि ईस्वरहि मिथ्या दोष लगाइ॥

- रामचरितमानस।

अपना दोष न समझ कर, कभी काल पर, कभी कर्म पर और कभी ईश्वर पर दोष लगाता रहता है - और यहां वहां दुःख पाकर, सिर धुन धुनकर पछताता रहता है। 'पर, अब पछताए होत का, चिड़िया चुग गई खेत। गई सो गई अब राख रही को।' यही रास्ता है।

प्रयत्न में ही महत्त्व

आदमी चलता है, गिरता है, संभलता है और फिर चलता है। उसने कितनी लंबी यात्रा की, महत्व इसका नहीं। वह बराबर चलने का अनथक प्रयत्न करता रहा - इस प्रयत्न में ही उसका महत्त्व है।

गुजराती के यशस्वी लेखक श्री गुणवंत शाह के शब्दों में - 'मेरे एक मित्र हैं, वे रोज एक वक्त थोड़ी देर के लिए संत बन जाते हैं और फिर सारा दिन संसार के कामों में लगे रहते हैं।'

ये हर रोज आधे घंटे एकांत में बैठते हैं, एकांत में बैठकर संसार के सारे संबंध छोड़ देते हैं। आधे घंटे एक जुदी स्थिति में रहते हैं। उस समय पत्नी पत्नी नहीं, घर घर नहीं, पूर्ण स्वस्थता का अनुभव करते हैं। यह शुरुआती टेम्परेरी संतपना भी व्यर्थ नहीं है।

एक कूकड़ा (कुक्कुट, मुर्गा) है - जमीन पर ज्यादा रहता है, ऊपर उड़ने का प्रयास करता है, उड़ नहीं पाता ज्यादा देर तक, आकाश में थोड़ी देर रहकर नीचे धरती पर आ जाता है।' फिर भी इसका महत्त्व है - खरा महत्त्व है - इसका यह प्रयत्न ऊर्ध्वगामिता का है।

दुनिया में रोज-रोज निष्फल् प्रयत्न होते हैं। कोई ऊपर उठने के प्रयत्न में नीचे गिरता है, लड़खड़ाता है, धूलि धूसरित हो जाता है - फिर भी पंख फड़फड़ा कर उड़ने का, उठने का प्रयास करता है।

ऐसे नामी-अनामी 'कूकड़े' जैसे संसारी लोगों को मेरा सलाम। - सचमुच इन विफलताओं से होकर ही सफलता के शिखर प्राप्त होते हैं।

बापू की अनुशासन प्रियता

बारदोली के संग्राम का सरदार वल्लभ भाई नेतृत्व कर रहे थे। इस संग्राम ने उन्हें सब का वल्लभ (प्यारा) बनाया और इनके नेतृत्व के गुण के कारण गाँधी जी ने इन्हे सरदार कह के पुकारा। इस सत्याग्रह की एक दिलचस्प बात यह थी के श्री वल्लभ भाई ने एक बड़ा आदेश निकाला था कि सारी बारदोली तहसील में भाषण मेरे सिवाय कोई न करे। उनकी मंशा यह थी कि कोई गैर जिम्मेदाराना भाषण न होने पाए।

एक बार कई लोग बापू को भाषण के लिए बुलाने गए तो बापू ने मना कर दिया कि वहां के नेता वल्लभ भाई हैं। उनका आदेश है - वहां कोई भाषण न हो। अतः जब तक वे आदेश न दें, मेरा जाना अनुचित है। जब वल्लभ भाई ने खुद ही उन्हें भाषण देने बुलाया।

तब बापू ने कहा -

यहां के नेता वल्लभ भाई हैं और मैं उनका सिपाही हूं। उन्होंने बुलाया है तो एक सिपाही की हैसियत से यहां भाषण करने आया हूँ।

सब सुन कर चकित हो गए। यहां वल्लभ भाई का दृढ़ नेतृत्व और बापू का एक सिपाही की हैसियत से अनुशासन अपनी-अपनी जगह महान् है।

कोई एक बोले - कम बोले, दायित्व भरा बोले। हित, मित, मिष्ट बोले – पर - सुदृढ़ भी। गुरु-गंभीर मेघ-ध्वनि से - यही वाणी का तप है।

ये तीन सदा दुःखी

ये तीन व्यक्ति सदा दुःखी रहेंगे। आमदनी कम, खर्च बढ़ा लेता हो। कमजोर हो, ताकत कम हो, गुस्सा करता हो। पूंजी कम हो और काम धंधा बढ़ा लेता हो।

आमद कम खर्चा घणा,
ताकत कम गुस्सा घणा।
ओछी पूंजी रुजगार घणा,
ए दुःख पावैला तीन जणां॥

यह कहावत है - 'तेतै पांव पसारिए, जेती लाम्बी सौर!' आज हम अपनी आमदनी का ध्यान कम रख कर, देखा-देखी अनावश्यक खर्च बढ़ा लेते हैं तो फिर उसकी पूर्ति के लिए कर्ज लेवें तो दब जाते हैं, गलत राह पकड़ें तो भटक जाते हैं, डूब जाते हैं। मित व्ययिता का गुण व्यक्ति व समाज के लिए आवश्यक है।

'कमजोर गुस्सा ज्यादा, मार खाणै का यही इरादा' - क्रोध को जीतने का उपाय है - शक्तिशाली बनना और दयालु बनना।

व्यवसाय का भी पुराना सूत्र आज भी काम का है-

बाहर से कर्ज लेकर काम धंधा बढ़ाने वाला, डूबता है, अंत में पिटता है -

यही आज के अर्थशास्त्र की भी चेतावनी है!

दौड़ हो - समझ के साथ

लहर निगौड़ी दिन भर दौड़ी।
मोती बदले लाई कौड़ी॥

ऐसा होता है, कोई व्यक्ति दिन भर दौड़ता है, दौड़ता है - पर, कुछ मिलता नहीं। यही दौड़ कभी कभी जीवन भर चलती है और लगता है - हाथ कुछ न आया। इसका कारण?

शायद हमने अपनी शक्ति को बिना तोले, पहचाने, किसी मृग तृष्णा में उलझाया हो, या हमारे पास कार्य की सही पहचान न हो, पूर्ण क्रिया शैली से परिचय न हो या हमारा लक्ष्य धूमिल हो, इसलिए कभी-कभी हम चलते नहीं, घूमते, चक्कर खाते, भटकते रह जाते हैं। घाणी के बैल की तरह समझ रहे हैं - हम चल रहे हैं- आगे और आगे! वस्तुतः हम वहीं है - जहां से हम चले थे। नाव को खे रहे हैं, डांड को बेतहाशा चला रहे हैं - लहरों को चीरते, पर, अंत में जब मुड़कर देखते हैं तो उसी किनारे के पास हैं - क्योंकि हमने अभी लंगर खोला ही नहीं, नाव तो किनारे के किसी ठूंठ से बंधी है। तो भी निराश न हो - जो गया - समझो वह क्षण था और जो आगे है - वह अनंत है, प्राप्ति के शत-शत वरदान लिए सुअवसर हमारी प्रतीक्षा में है। अभी भी कुछ नहीं बिगड़ा।

जब जागे तभी सबेरा।
बीती ताहि बिसार दे, आगे की सुध लेय।

यही जीवन विकास का स्वर्णसूत्र है।

प्रशंसा करें - पर सच्ची

एक सिकलीगर काम में लगा था। उसका नौकर छुट्टी लेकर चला गया। उधर से एक विद्यार्थी निकला। वह लड़का कौतूहल वश वहां रुक गया। सिकलीगर - 'बच्चे! तुम बड़े होशियार निकलोगे। हर जगह तुम्हारा नाम होगा। पढ़ाई में सबसे आगे रहोगे। थोड़ा-सा मशीन का पहिया घुमा दो।' लड़का इस तारीफ से बहुत खुश हुआ और मशीन का पहिया जोर से घुमाने लगा। सिकलीगर अपने चाकुओं पर धार देने लगा। बच्चे ने कहा - 'अब मैं जाऊं? मेरी कक्षा का कविता का घंटा है। मैं नहीं पहुंचूंगा तो मार पड़ेगी।' सिकलीगर - 'वाह! तेरे जैसा बुद्धिमान तेज लड़का कहां मिलेगा। तू क्लास में आवेगा अव्वल!' इस प्रशंसा से लड़का बहुत खुश हुआ और काम करता रहा।

बाद में वह जब स्कूल पहुंचा तो आखिरी घंटा था। उस पर बहुत मार पड़ी और मशीन चलाने से उसके हाथों में दर्द भी होता रहा। सप्ताह भर के बाद वह स्कूल पहुंचा। यह छात्र था -फ्रेंकलिन! उसको चापलूसी का यह कटु अनुभव हुआ। इस अनुभव के कारण वह जन्म भर झूठी प्रशंसा, चापलूसी के चक्कर में कभी नहीं आया।

जब कोई प्रशंसा करता तो वह सुनता नहीं, काम में लग जाता और इतना कहता - 'अपने चाकू पर धार देना बंद करो।'

संसार में हजारों प्रतिभाशाली इसी नाम की तारीफ की धार से कट कर रह जाते हैं। आत्मछलना है - यह प्रशंसा का जादू! क्योंकि हम सच्ची प्रशंसा करना ही नहीं जानते - जानते हैं चाटुकारिता, खुशामद, चापलूसी - जिस पर प्रशंसा का मुलम्मा लगाया जाता है।

कुरु - यही गीता है

मंजिल के ख्वाब देखने वाले तो सो गए।
मैं शाम से चला तो सहर तक पहुंच गया॥

- शकील बदायूनी।

(सहर=सुबह)

जीवन सपना नहीं है, वह यथार्थ की ठोस धरती पर कर्ममय होकर खड़ा है। इसमें चलना पड़ता है, निर्णय लेना पड़ता है और संकल्प को साकार करने के लिए पसीना बहाना पड़ता है।

आखिर महत्व है - करने का। यह जीवन 'धर्मक्षेत्रे' के साथ-साथ 'कुरु क्षेत्र' है, कर गुजरने का क्षेत्र भी है। सच है - 'किया सो काम, भज्या सो राम।'

इसीलिए गीताकार अंत में कहते हैं - 'यथेच्छसि तथा कुरु।' जैसी तेरी इच्छा हो, वैसा कर। अर्जुन का उत्तर भी था - **'करिष्ये वचनं तव।'** हां, प्रभो मैं करूंगा - आप के कहे के अनुसार। गीता भी समाप्त होती है 'कुरु' करने पर।

गरुड़ न चले तो एक कदम आगे न बढ़े चाहे पंखों में गगन मंडल को चीरने की शक्ति हो। और चलती हुई चींटी-पुलों को पार कर जाती है।

चलिए, मंजिल पैरों के नीचे है। बढ़िए - पर्वत झुक गए हैं। और सागर बन गए हैं - 'गोष्पद' यानी गायों के खुर से बने हुए छोटे से पानी भरे हुए गड्ढे के समान।

नर हो न निराश करो मन को।

कुछ काम करो, कुछ करम करो। कैसे काम? शुभ, मंगलमय, सात्त्विक और हितकर।

जीवन हो गतिशील जीवन्त

वृद्ध कौन है? इस प्रश्न का उत्तर-उम्र नहीं है, अवस्था का ढलना नहीं है, इसका सही उत्तर है - बदलती हुई परिस्थिति को अनदेखा कर केवल विषाद के स्वर में कहना - 'ते हि नो दिवसा गतः' - वे हमारे दिन चले गए।

जब कोई व्यक्ति वर्तमान के जीवंत ज्वलंत प्रश्नों के सामने खड़ा न होकर अपने भूत की जुगाली करे तो समझो - यह वृद्ध है। जब कोई जाति या कोई समाज भूत के ही गौरव गान में लग जावे तो समझो यह भूत है, यह जाति या यह समाज प्रस्तरीभूत प्राणी की तरह है - जिसे 'होने' का मिथ्या गर्व है।

समाज वही है, जो भूत के असह्य भार को हल्का करता चले, उड़ने के लिए भूत को मोर का पंख न बनने दें, भूत एक शक्ति है, दो पंख हैं - जिसके द्वारा आकाश को कँपा देने वाला गरुड़ उड़ता है।

समस्याएं हैं, ये जब हमारे लिये चुनौती बन कर खड़ी हों तो समझो - यह समाज अभी तरुण है। जब समस्याओं के सामने हम शुतुरमुर्ग की तरह असहाय आँखें मूंदकर अतीत के गौरव में लग जावें तो समझो - वार्द्धक्य आ रहा है।

समाज हो, गंगा की तरह - जिसका नाम गंगा - एक अपरिवर्तित नाम - पर, जिसमें निरंतर बहने वाला जल नया, नित नया, प्रतिक्षण नया। ऐसी गतिशीलता नयापन - जीवंतता का प्रतीक है।

जागरूक रहो - प्रतिक्षण

पांडव अज्ञातवास का वर्ष मत्स्य प्रदेश की राजधानी विराट नगरी में अपने छद्म नाम से व्यतीत कर रहे थे। महारानी द्रौपदी श्रृंगार प्रसाधिका - सैरंध्री नाम से कार्य कर रही थीं। और वीर पार्थ बृहन्नला के नाम से स्त्री रूप में रहता नृत्य शिक्षण में लगा था। इधर कौरवों ने मौका देखकर मत्स्य प्रदेश के राजा का गोधन घेर लिया और विजयी बन जाने को थे।

वर्ष समाप्त होने को था। द्रौपदी ने अर्जुन से कहा - वीर नारी के उद्बोधन स्वर में -

कर की चूड़ी गेर दे, द्रग अंजन धोय डार।
आया मन रा भावता, सब सिणगार उतार।

- हाथ की चूड़ियां गिरा दो। आँखों का अंजन धो डालो, वही अंगार सी आंखें करो। देखो, मन के महंगे प्यारे मेहमान (विपरीत लक्षण से - भयंकर शत्रु) जिनके प्रतीक्षा में हैं, वे आ गए हैं। नारी श्रृंगार उतार फेंको। वीर बाना सजने का क्षण आ पहुंचा है।

इतिहास साक्षी है - परंतप पार्थ ने उस युद्ध में जैसा शौर्य दिखाया, वह अप्रतिम था।

प्रतीक्षा का महत्त्व है, पर उससे अधिक महत्त्व है - उचित समय पर सन्नद्ध होकर, जागरूक रहने का।

क्षण ही अखंड जीवन

बात आज की है, न बीते कल की और न आने वाले की। कल जो बीत गया, गया, हमेशा के लिए गया, उस पर गर्व करना - मूर्खता है, उस पर पछताना - नासमझी है। आने वाला कल - अभी कहां, वह सपना हैं, वह आशंका है, वह काली छाया है, वह अजन्मा है।

जीवंत जाग्रत है - आज, आज नहीं, अभी, अभी नहीं - यही क्षण - यह आता हुआ क्षण - इसे पकड़ो, कस कर पकड़ो। यही संपूर्ण जीवन है। इस क्षण की बूँद में सारा सागर लहरा रहा है। यह क्षण वह बीज है - जिसमें भविष्य का कल्पतरू झूम रहा है।

बीता हुआ कल - वह दीपक है, जो बुझ गया है, वह कभी प्रज्वलित नहीं होता, उसमें रोशनी जागरण अशक्य है।

वह गया हुआ दिन -एक निर्जल सूखी नदी है - जिसका पानी सागर में मिल गया है। वहां से एक बूँद वापस नदी को मिलने से रही! जो सामने आ रहा है, उस आते क्षण का स्वागत करो। यह क्षण, यही चरम सत्य है, यही जीवंत जीवन है, यही हकीकत है, यही साक्षात् सूर्योदय है।

उठो, जागो, कमर कसो और इस आज के दिन की क्षण वाली कामधेनु का दोहन करो। यह क्षण खंड नहीं, अखंड जीवन की पूर्णता है।

धन की एक सीमा

धन की बहुत महिमा है। जरा बढ़ा-चढ़ा कर भी बताई गई है। **'सर्वे गुणाः कांचनमाश्रयन्ति।'** सारे गुण कंचन में है। फिर भी एक सीमा तो है ही।

जो चीज धन से पा सकते हैं और जो नहीं पा सकते - इसकी भी चौंकाने वाली सच्चाई है। लंबी सूची है।

ये धन से मिले - ये नहीं मिले
किताबें - पर, ज्ञान नहीं
बिस्तर - पर, नींद नहीं
मनोरंजन - पर, प्रसन्नता नहीं
भोजन - पर, भूख नहीं
विलास (सभ्यता) - पर, संस्कृति नहीं
हाउस - पर, होम (स्वीट होम) नहीं
शरीर - पर, मन नहीं
दवाई - पर, स्वास्थ्य नहीं
मंदिर - पर, भगवान् नहीं
प्यास - पर, तृप्ति नहीं
चाटुकार - पर, मित्र नहीं

धन साधन है - इसे जैसे ही साध्य बनाया कि हम मृगतृष्णा में भटक गए। फिर तो भर्तृहरि सही है-

तृष्णा न जीर्णा वयमेव जीर्णाः।

हम बूढ़े होते गए, तृष्णा 'तरुणायते' - जवान होती गई।

संतुलन ही जीवन

सूर्य ग्रहण होता है, चंद्र ग्रहण होता है - इसके संबंध में विज्ञान ने स्पष्ट जानकारी दे दी है। फिर भी जनमानस है, जो राहु (केवल मुंड) केतु (रुड-धड़) के जीवित होने का विश्वास करता है। यह एक मिथक है, जो ऊपर से झूठ है, पर भीतर सत्य के लिए है।

आकाश में राहु-केतु अब केवल ग्रह के रूप में चाहे हों - पर, इस धरती पर राहु केतु बढ़ते जा रहे हैं - जिससे धरती ग्रहण की पीड़ा भोगती है। लाखों-लाखों व्यक्ति हैं जो केवल माथे से काम करते हैं। ये कला, साहित्य, विज्ञान के क्षेत्र में - दिमाग से काम लेते हैं - जरूरत से अधिक। ये न भुजाओं से काम लेते हैं, न पैरों से। तरह-तरह की बीमारियों से घिरे जी रहे हैं - ये धरती के राहु हैं - खंडित व्यक्तित्व वाले।

दूसरी ओर ऐसे श्रमिक मजदूर या केवल शरीर से काम करने वाले लोग हैं, जो अपने मस्तिष्क को काम में नहीं लाते - ये लोग क्या 'केतु' नहीं हैं - केवल धड़ वाले। ये भी टूटे हुए इंसान हैं।

जब हम शारीरिक व मानसिक दोनों शक्तियों का संतुलित विकास करेंगे तब धरती पर एक सर्वांग मनुष्य, मुकम्मिल इंसान - के दर्शन हो सकेंगे। तभी हमारी मातृ स्वरूपा पृथिवी ग्रहण मुक्त हो सकेगी।

साहित्य - समग्र जीवन का प्रहरी

एक राक्षस था, नाम था कबंध। कबंध का मतलब होता है, धड़। वह धड़ मात्र था, उसका माथा अंदर पेट की ओर भोग केंद्र की ओर घुसा हुआ था। वह अपनी भुजाओं को फैला कर दौड़ता था और उसके भुजपाश में जो भी आता, उसे भीतर डाल कर भूख बुझाता।

दंडकारण्य में राम लक्ष्मण भी इसकी चपेट में आ गए थे। इन दोनों ने कबंध की भुजाओं को काटकर यमलोक पहुंचाया। भारत की पौराणिक परंपरा में यह आख्यान, यह मिथक – अपने ढंग का अकेला है। ऐसा राक्षस - जिसका मस्तक अंदर धंसा है, फिर भी जीवित हो, एक अजीब सी कल्पना है।

यह मिथक - आज जितना भयंकर रूप से सत्य होता जा रहा है, वह डरावना है, घिनौना भी! आज हमारा साहित्य, हमारा चिंतन, ऊर्ध्व दिशा, आकाश, आदर्श की ओर न होकर – हमारा माथा पेट में - **अर्थशास्त्र** में - भोग पदार्थों में धंसता जा रहा है और साथ ही भोग केंद्रों में नीचे उतर कर ऊर्जा को नरक गामी बना रहा है।

हमारा यह 'कबंधी साहित्य' - मार्क्स और फ्रायड के अधूरे, एकांगी, मिथ्या चिंतन से ग्रस्त है! कोई राम जैसा आवे तभी अर्थ और काम-धर्म की ओर उन्मुख हो सकेंगे। हमारा माथा गगन की ओर तन कर दूर क्षितिज के पार देख सकेगा!

मिथ्या प्रशंसा - आत्म छलना

एक जंगल था। उसमें सिंह नहीं था। एक गीदड़ के मन में राजा बनने की सूझी। उसने इधर-उधर खरगोशों को इकट्ठा किया और घोषणा की कि मैं ही जंगल का राजा हूं। खरगोशों ने डर के मारे मान लिया। गीदड़ ने कृपा करके खरगोशों से चुनकर अपना मंत्री मंडल बना लिया। उस जंगल राज्य का यह नियम था कि सभा में आने वाला यह कहेगा - *सोने की चूंतरी रूपै ढाली है/कानां में गज मोती पैरया राजा बैठो है* (सोने का चबूतरा है, जो चांदी में ढाला गया है। गज मुक्ता पहने राजा बैठा है)। गीदड़ राजा ऊपर बैठे यह सुना करते, मन में खुश होते और सभी की ओर गर्वीले भाव से ताकते।

एक दिन उधर से चतुर लोमड़ी निकली। वह खड़ी होकर यह तमाशा देखती रही। उससे यह ढोंग सहा नहीं गया, कहने लगी -

माटी की चूंतरी, गोबर ढाली है
कानां में खूंसड़ा, गादड़ बैठो है।

- मिट्टी का चबूतरा है। गोबर में ढाला गया है। कानों में सूखे जूतों को पहने गीदड़ बैठा है।

गीदड़ लाल आंखें कर झपटने को हुआ, इतने में लोमड़ी नौ दो ग्यारह हो गई। खरगोश गीदड़ की असलियत समझ गए। गीदड़ का राजापन उतर गया।

ऐसे ही हजारों लोग अपने चतुर्दिक् स्तुति पाठकों, मिथ्या प्रशंसकों से घिरे, आत्मछलना करते हैं। पर

गुनी गुनी सब कोउ कहै, निगुनी गुनी न होत।
सुन्यो कहूं तरु अर्कितें, अर्क समान उदोत॥ बिहारी॥

- सारे दुनिया भी यदि किसी बिना गुण वाले को गुणी-गुणी पुकारे तो भी वह गुणी नहीं हो सकता। दुनिया आक के पौधे को अर्क (आक और सूर्य) कहती है; पर, क्या उसमें अर्क कहने मात्र से अर्क (सूर्य) के समान प्रकाश हो सकता है?

न्याय की तुला

राजकीय कारावास से एक राजनीतिक बंदी फरार हो गया था। वह किसी वाहन में, रथ में या शिविका में छद्मवेश बनाकर नगर के बाहर जाने का प्रयास कर रहा है, इस कारण नगर में सारे रक्षकों को सतर्क कर दिया गया था कि सभी वाहनों की चौकसी से तलाशी ली जाए।

वीरक नाम का नगर द्वार पर एक रक्षक खड़ा है। सामने से रथ आ रहा है, सुंदर सजा हुआ रथ - जिसे चार अश्व खींच रहे हैं। एक तरुण हाथ में रश्मियों को खींचे घोड़ों को तीव्र गति से चला रहा है। रक्षक ने उच्च स्वर से कहा, 'रथ को रोको, राजकीय आज्ञा है, मैं तलाशी लूंगा।' सारथी ने रथ को रोका और कहा - 'बंधुवर! जानते हो, यह रथ नगर की सर्वश्रेष्ठ सुंदरी वसंत सेना का है, वह नगर श्रेष्ठी चारुदत्त से मिलने जा रही है।'

वीरक - 'मैं जानता हूं- वसंत सेना को, आदर से जानता हूं - आर्य चारुदत्त को, पर, मैं इस समय राज-कार्य पर हूं, एक कर्तव्य पर हूं। मैं अभी किसी को नहीं जानता - और तो और अपने बाप तक को नहीं जानता। तलाशी ली जाएगी।' यह सुदृढ़ अडिग वाणी जब कभी जहां भी सुनाई देती है, तब लगता है -न्याय की तुला सीधी है - न झुकी है, न कांपी है, न हिली है। स्थिर, शांत और सीधी!

जानामि चारुदत्तं वसंतसेनां सुष्टु जानामि।
प्राप्ते च राजकार्ये पितरमप्यहं न जानामि॥

(मृच्छकटिकम्)

स्थानम् प्रधानम्

भगवान शिव मस्ती में बैठे थे, आत्मानंद में डूबे। लोगों को लगता था, भंग की तरंग है, और है 'तनक तनक तायें मनक धतूर की।' इतने में विष्णु पधारे, गरुड की सवारी किए। आशुतोष के गले में भूषण बने सर्पराज ने गरुड़ को देखा और जीभ में भरकर फुंकार-पर-फुंकार मचाई।

गरुड़ मुस्कराए और उन्होंने सर्प-भाषा में कहा - 'स्थानम् प्रधानम्।' तुम शिवजी के गले में घूमते हो, इससे इतरा रहे हो। स्थान की प्रधानता है, बल की अभी प्रधानता नहीं। जरा यहां से हटकर - मेरे पास आओ तो अभी आम की लकड़ी के समान तेरे टुकड़े-टुकड़े कर के फेंक दूं।'

सही है, स्थान की प्रधानता है। वहां कुर्सी पर बैठ न जाने क्या-क्या कह कर सब को डराता है और अपनी असली औकात बन चलाता है। लोग आदर करते हैं, पद का, स्थान का, कुर्सी का- आदर कम और स्यात् थोड़ा भय, थोड़ा लोभ और थोड़ा लिहाज।

इसीलिए गागर में सागर भरने वाले कवि बिहारी ने एक अन्योक्ति के बहाने इन्हें सीख दी है -

दिन दस आदर पाइकै, कर लै आपु बखान।
जो लौं काग सराध परव, तोलौं तौ सनमान॥

- है कौवे! यह आदर दस दिन का है। श्राद्ध पक्ष में तेरी पूछ है, तू चाहे अपना कितना ही बखान करवा ले! फिर कांव-कांव करते भटकना।

पर, कभी-कभी ही इतिहास से सीखते हैं हम; पर कितना कम!

साधु - नये संदर्भ में

एक साधु था। पहले तिलक निकाल कर भीख मांगता, पर भीख कभी मिलती और कभी नहीं मिलती। इसलिए उसने कान फड़ाकर अपने को कनफटा योगी भी बनाया। भीख पहले से ज्यादा मिलने लगी, पर अभी भी पूरी नहीं पड़ती। अंत में लाल कपड़े पहन कर कमर बांध कर भैरुं जी का भोपा बन गया। वह अब घर-घर घूमने लगा और कहता -

'भाल तिलक में विष्णु बिराजे,
काना गोरख खटकै।
तीन्यां कोई ल्या दे माई,
मन भैरुं में अटकै॥

है मां! मेरे भाल के तिलक में विष्णु बिराजते हैं। कानों में गोरखनाथ का चेला होने के कारण कनफटा जोगी बन, मुद्रा धारण की है। इधर मैं भैरुं का भोपा भी बन गया हूं। या तो तीनों के कारण मुझे भीख दे दे या फिर जो तुम्हें प्रिय लगे - उसके नाम की भीख ले आ।

ऐसा जोगी शायद अभी न मिले। पर, क्या हमारे ये बोट मांगने वाले उम्मीदवार ऐसा नहीं कर रहे हैं - क्या वे कभी पार्टी के नाम से, कभी मंदिर के नाम से, कभी मुसलमान के नाम से, कभी जाट के नाम से, कभी वामन चमार के नाम से, कभी प्रांत-गांव-भाषा-वर्ग-फिरका के नाम से वोट बटोरने में नहीं लगे हैं। आज के नए संदर्भ में नए रूप में वैसे साधु जिंदा हैं। कब आएगा वह समय, जब सब एक बात कहकर अपने को सही रूप में लोगों के सामने पेश करेंगे।

नये पनपते अन्धे धन्धे!

एक आदमी ५ गधों पर भार लादे तेजी से जा रहा था। गधे भार के बोझ से दबे-दबे थे। वह आदमी बीच-बीच में गधों को मारता-पीटता हाँक रहा था।

एक दयालु साधु ने कहा - 'भले आदमी! इन बेचारे गधों को क्यों मारे जा रहा है? जरा भी दया नहीं।'

आदमी ने कहा - 'महात्मन्! आपका कहना ठीक है। पर, यह समय मेरी कमाई का है। इन पर जो सामान लदा है - उनके ग्राहक अभी बहुत मिलेंगे। लाभ-ही-लाभ है। फिर इन गधों को खूब आराम से रखूँगा।'

साधु - 'ऐसा क्या सामान है - जिसके ग्राहक इस समय तैयार हैं।'

आदमी - 'इस गधे पर जुल्म लदा है।'

साधु - 'जुल्म के भी ग्राहक?'

आदमी - 'अभी चुनाव है। चुनाव के वक्त जुल्म हाथों हाथ बिक जायगा - महेंगे दामों में।'

दूसरे गधे पर 'ईर्ष्या' है, जिसके ग्राहक पढ़े लिखे हैं। तीसरे गधे पर घमंड है - जिसके ग्राहक हैं - नये बने धनवान्। चौथे गधे पर है - साँच - झूठ; इन के खरीददार हैं - दूकानदार - हमारे पुराने ग्राहक। पाँचवे गधे पर फूट है - जो घर-घर में मुहल्ले-मुहल्ले में आराम से बिकेगा।'

सुनकर साधु चकराया। भगवान् से प्रार्थना करने लगा - 'है-प्रभो! संसार को सद्-बुद्धि दे।'

सुनते हैं - भगवान् के घर देर है, अंधेर नहीं। 'पर - देर क्या अन्धेर नहीं?'

राष्ट्रपति जैफरसन की महानता

शानदार होटल था। साधारण वेशभूषा में खड़ा एक आदमी होटल के प्रबंधक से 'क्या जगह खाली है?' पूछ रहा था। होटल के प्रबंधक ने उसे घूर कर देखा, साधारण किसान समझ कर कह दिया, जगह खाली नहीं।

वह व्यक्ति था, अमेरिका का तृतीय राष्ट्रपति थॉमस जैफरसन। राष्ट्रपति बनने के पहले वे किसानों के प्रबल समर्थक थे। राष्ट्रपति बनने के बाद भी उनमें कोई परिवर्तन नहीं हुआ। वें साधारण किसान की तरह रहते थे।

होटल से जैसे ही वे निराश लौट चले, एक आदमी ने उन्हें पहचाना और होटल के प्रबंधक से कहा, 'आपने यह क्या किया? यह साधारण किसान नहीं है। ये हैं अमेरिका के महामहिम राष्ट्रपति!'

प्रबन्धक दौड़ा-दौड़ा गया। क्षमा याचना की। पर, वे नहीं लौटे और उन्होंने कहा, 'जिस होटल में अमेरिका के किसान को जगह नहीं है, भला ऐसे स्थान पर अमेरिका का राष्ट्रपति भी कैसे ठहर सकता है?'

इतना कह कर वे किसी दूसरे होटल में ठहरने के लिए चल पड़े।

वे किसानों की बात करते तो किसानों की तरह रहते थे। पर, हमारे ये नेता चाहे किसान की बात करें, मजदूर की हिमायत करें, गांवों का नाम लें या जन जातियों की पीड़ा का बखान करें - पर, रहते हैं या रहना चाहते हैं प्रायः सभी एक से, ठाठ से, विलास से और महलों और शहरों में!

अच्छे गायक के लिये योग्य श्रोता आवश्यक

देवर्षि नारद संगीत शास्त्र के उदभट पंडित थे और मधुर गायक। उनको गर्व हो गया कि त्रैलोक्य में मेरे जैसा कोई गायक नहीं है। वे वीणा झंकृत करते चले जा रहे थे। रास्ते में उन्होंने अंग-भंग वाली, विकृत् शरीर वाली स्त्रियों को और वैसे ही पुरुषों को देखा। नारद ने कटे अंगों का कारण पूछा। वे सभी आर्त स्वर करने लगे और उन्होंने कहना शुरू किया - 'हम सब राग-रागिनियां हैं। नारद नामक एक अनाड़ी गायक है, वह ऐसा बेसुरा गाता है जिससे हमारी यह दुर्दशा हुई है। कोई शुद्ध गावे तो हम पुनः स्वस्थ सर्वांग सुंदर हो सकते हैं।' नारद ने अपना परिचय नहीं दिया, पर दुखी बहुत हुए।

भगवान विष्णु के पास वैकुंठ लोक में गए और सारी बात कह सुनाई। विष्णु ने कहा, संगीत के मर्मज्ञ तो शिव हैं, उनके पास जाओ। नारदजी शंकर के पास गए। शंकर ने कहा, 'राग-रागिनियों को पूर्ण निरोग बनाने के लिए मैं गाना चाहता हूं, पर कोई अधिकारी श्रोता तो मिले।' नारदजी को अब यह भी पता चला कि वे एक सुयोग्य श्रोता भी नहीं हैं। उनका गर्व चूर-चूर हो गया। शिवजी के कहने से श्रोता रूप से विष्णु बुलाए गए। गंधर्वो, किन्नरों की भीड़ जमा हुई। संगीत समारोह खूब जमा। राग-रागिनियां पूर्ववत स्वस्थ पूर्णांग हो गई।

साधु हृदय नारद समझ गए। उनका गर्व खर्व हो गया। वे पुनः सानंद विनम्र भाव से प्रभु-कीर्तन की यायावरी यात्रा पर चल पड़े।

सीख भी - सही पात्र देख कर देनी चाहिये

यों तो पक्षी घोंसले बनाते हैं; पर, घौंसला तो बनाना जानता है - बया। भयंकर आंधी-अंधड़, प्रलयंकर वर्षा पर, बया का घोंसला - फिर भी पेड़ की डाल पर झूलता, झूमता, निरंध्र, कोमल सुरक्षित और बनावट बुनावट में बेजोड़।

भयंकर वर्षा, ठंडी हवा - बेचारे बंदर सर्दी में थर-थर कांपते किसी पेड़ के नीचे सिकुड़े बैठे थे। जंगल में लाल-लाल गुंजा (चिरमी) बिखरे पड़े थे। बंदर उन्हें अंगारे समझकर, इकट्ठे कर - उनके चारों ओर बैठकर - कांपते हुए हाथों को सेंकने के भ्रम को पाल रहे थे।

पेड़ के ऊपर बया का घोंसला था। उसने अपनी चोंच बाहर निकाल कर यह दृश्य देखा। बया - 'भैया बंदरो!' भगवान ने तुम्हें हाथ पांव दिए हैं - कहीं रहने की जगह बना लेते तो अभी दुबक कर न बैठते और यों झूठे तापने का धोखा न पालते।'

इस सीख को सुन कर बंदर बिगड़ गए, कहने लगे - 'नालायक! हमें सीख देता है - छोटा सा परिंदा होकर! वर्षा थमने दो। उपदेश का मजा चखावेंगे।'

वर्षा रूकी। आसमान साफ हो गया। बंदर पेड़ पर चढ़ गए और बया के घोंसले तहस नहस कर डाले।

'सीख ताहि को दीजिए, जाको सीख सुहाय।
बया सीख सिखावतां, घर बया का जाय।'

मैत्री धर्म की रक्षा का आदर्श

नगर के विशाल राजपथ पर भीड़ है। वधिक गण कंधे पर शूली लिए घोषणा कर रहे हैं, 'जो भी राज के खिलाफ होगा, उसे शूली पर लटका दिया जाएगा। देखो, यह नगर श्रेष्ठी चंदन दास हैं।' चंदन दास वध्यवेश में है; पर - प्रसन्न हैं, क्योंकि वह अपराधी नहीं, अपने मित्र के लिए प्राण विसर्जित करने जा रहा है। मैत्री धर्म की रक्षा का एक आदर्श सबके सामने जैसे उपस्थित है। नागरिक श्रद्धा से झुक रहे हैं, अनेक महिलाएं आंसू बरसा रही हैं। चंदन दास अपने परिवार को, अपनी पत्नी को धीरज दे रहे हैं - 'रोओ मत, मैं अपने मित्र के लिए प्राण देने जा रहा हूं।'

वध स्थल पर शूली गाड़ दी गई है। इधर चंदन दास के परम मित्र राक्षस को -पता चलता है तो वह दौड़ा हुआ आकर कहता है - 'वधिकों! मेरे मित्र चंदन दास को छोड़ दो, मैं अपराधी स्वयं उपस्थित हो गया हूं।' वह चंदन दास को गले लगाता है। चंदन दास - मित्र! तुमने अच्छा नहीं किया, मुझे मित्र धर्म निभाने के एक अवसर से वंचित कर दिया।'

इस स्वर्गिक दृश्य को देखने के लिए सम्राट चंद्रगुप्त और अमात्य चाणक्य उपस्थित हैं। चाणक्य - आर्य राक्षस! मैं आपको प्रणाम करता हूँ आप हमारे शत्रु नहीं। आपके मित्र चंदन दास तभी छोड़े जा सकते हैं, जब आप सम्राट चंद्रगुप्त के प्रधानामात्य का पद ग्रहण करें। और मुझे इस पद से मुक्त होने का सुअवसर दें।' राक्षस स्तब्ध था, चाणक्य की आदर्श गुण ग्राहकता पर। राक्षस ने चंद्रगुप्त प्रदत्त तलवार ग्रहण की और साथ ही घोषणा कर दी गई कि चंदन दास आज से केवल नगरश्रेष्ठी नहीं - जगत श्रेष्ठी के खिताब से जाने जाएंगे।

मैत्री धर्म, त्याग, गुण, ग्राहकता व उदात्त कर्तव्य का यह दृश्य भारत के स्वर्णिम इतिहास का एक मार्मिक, प्रेरक और आदर्श प्रसंग है।